La Financiera Banana Split

La Financiera Banana Split

Educación Financiera Desde la Escuela Secundaria Hasta La Jubilación

Bruce A. Rowland, LNHA

Banana Split Marketing LLC 516 South Dixie Hwy. #330 West Palm Beach, FL. 33401 www.FinancialBananaSplit.com

Biblioteca del Congreso Cataloging-in-Publication Data:

Rowland, Bruce A. 1956 -
El Banana Split financiero / Bruce A. Rowland

ISBN Rústica: 978-0-9993704-1-4
ISBN eBook: 978-0-9993704-3-8

Información para pedidos: Descuentos por cantidad. Para más información, póngase en contacto con el editor.

Impreso en los Estados Unidos de América

Contenido

INTRODUCCIÓN

ADQUIRIR CONOCIMIENTOS FINANCIEROS

INTRODUCCIÓN

1

Propósito y objetivo del libro

El *PROPÓSITO* de este libro: **Ponerte en control de tu vida financiera.**

El OBJETIVO de este libro: **Ayudarle a alcanzar el Sueño Americano.**

El Sueño Americano es ser dueño de su propia casa - libre de hipotecas - y tener suficientes ingresos de las inversiones para jubilarse - en a cualquier edad. No trabajar toda la vida sólo para pagar facturas.

Con una gestión inteligente del dinero y evitando las malas decisiones financieras -todo ello explicado de forma sencilla en este libro-, incluso unos ingresos modestos y constantes pueden conducir a la creación de una gran riqueza con el paso del tiempo.

La mayoría de la gente se cree estos cuentos de hadas financieros:

1. No tengo la **suerte** de acumular riqueza.
2. No soy lo bastante **listo** para acumular riqueza.
3. No tengo **talento** suficiente para acumular riqueza.
4. No sé por dónde **empezar** a acumular riqueza.

¡TONTERÍAS! Aquí está la verdad acerca de por qué **usted es capaz** de acumular riqueza:

1. Tienes suerte porque ahora posees la herramienta adecuada: este libro.

2. Eres lo suficientemente **inteligente** si lees libros de 10° curso.
3. Tienes **talento** suficiente si sigues el material de este libro.
4. **Comienza** tu viaje financiero con este libro.

Si no sabes controlar tu dinero, los que sí saben controlar el dinero (personas y entidades), ¡acabarán por controlarte a TI!

Cómo utilizar este libro

1. Lea, repase y comprenda el material de este libro.
2. Utilice este libro como referencia. Consúltelo antes de tomar decisiones financieras importantes, como la compra de una casa, un coche, acciones o cualquier otro de los muchos temas financieros que aquí se tratan.

Experiencias de aprendizaje adicionales

Nuestro sitio web: www.financialbananasplit.com contiene tres áreas más para ayudarle en su viaje financiero:

1. Las emociones y el dinero no se llevan bien. Comprender y potenciar tu relación emocional con el dinero para que sea positiva y lógica te ayuda a evitar tomar malas decisiones monetarias. Esta sección del sitio web le explica cómo hacerlo.

2. ***Colabore en la creación de*** riqueza ¡No tiene por qué emprender su viaje financiero solo! Muchas otras personas se encuentran en la misma situación financiera. Si lo hace con inteligencia, podrá alcanzar antes el sueño americano con un poco de ayuda de sus amigos / socios inversores. Esta sección del sitio web le explica cómo.

3. ***Nuestro juego de mesa fácil de jugar:*** **Helado y dinero** - ¡Para **todos!** refuerza el libro The Financial Banana Split. *Cómpralo - Juégalo - Apréndelo - Gánalo.* Cómpralo en nuestra web.

2

El helado me hace feliz

En el momento en que hundes la boca en una bola de helado dulce y cremoso... se te cierran los ojos y se te ensanchan las fosas nasales mientras profundamente inhala el aire endulzado de abajo. Tu mente se sumerge en la suave nube de una ensoñación feliz.

Puede ser un simple helado de vainilla que se toma frente a una ventanilla en un caluroso día de verano o una compleja bola de helado de plátano al bourbon con cintas de chocolate negro, salpicada de trocitos de almendras tostadas glaseadas con miel, que se come frente a una chimenea en una noche oscura y tormentosa.

Estas palabras nos transportan fácilmente a un lugar positivo y confortable porque el lenguaje de los helados nos resulta familiar y comprensible, y no nos asusta lo más mínimo.

El objetivo de este libro es hacer que su relación con el dinero sea positiva, cómoda, familiar y comprensible, y que no le asuste lo más mínimo. Esto le permitirá perseguir con más ahínco el Sueño Americano:

Vivienda en propiedad y seguridad financiera

3

Historia real - Empleado

¿Se puede alcanzar el sueño americano si se empieza sin nada? He aquí una historia real que demuestra que, con la mentalidad adecuada, ¡sí se puede!

Mientras dirigía un centro como administradora de residencias de ancianos con licencia (LNHA) en el Bronx, Nueva York, una empleada de muchos años se me acercó llorando.

Me dijo que la habían desahuciado de su piso junto con su hijo pequeño y el hijo asmático de su hermana. Me preguntó si podía ayudarla de algún modo a recuperar su residencia.

Su trabajo era estable, con buen sueldo y prestaciones, pero su novio le había «prestado» el dinero del alquiler de varios meses y la habían desahuciado por impago. Llamé a la oficina del sheriff, pero me dijeron que había que pagar el alquiler atrasado antes de que la autoridad de vivienda quitara los cerrojos de las puertas.

Como había niños pequeños de por medio y ella era una excelente empleada, le ofrecí un préstamo a través de la empresa para pagar su deuda (3.500 dólares) si accedía a que se le hicieran deducciones automáticas en la nómina hasta que el préstamo se pagara en su totalidad. Aceptó.

Ella y los niños volvieron a su apartamento y ella se deshizo de su "novio".

El préstamo se devolvió íntegra y puntualmente.

Más tarde, me enteré de que nunca había suspendido las deducciones automáticas de nómina que yo había establecido como su empleador. Ella y yo nos adelantamos a nuestro tiempo con la sencilla técnica, ahora ampliamente aceptada, de crecimiento del patrimonio conocida como deducciones automáticas, sólo que no sabíamos que existía un nombre para ella.

Tras aplicar estas deducciones automáticas, debió de hacer ajustes en su estilo de vida (presupuesto), porque también pudo financiar una cuenta de ahorro. Antes de dejar la empresa y Nueva York - hace más de 20 años, me dijo que había ahorrado más de 5.000 dólares.

Moraleja

Si una víctima urbana, madre soltera de dos hijos, arruinada, endeudada y desahuciada de una vivienda pública puede recomponerse, aprender a presupuestar y acumular miles ($) ...

¡TÚ TAMBIÉN PUEDES!

ADQUIRIR CONOCIMIENTOS FINANCIEROS

Definición:
La cultura financiera es la capacidad de comprender y utilizar las herramientas financieras.

Visión general

1. **Ingrediente Uno - El Plato: Tesorería y banca**
   Los cimientos: sólidos, sin fugas.
2. **Segundo ingrediente: el plátano: La vivienda en propiedad**
   La estructura definitoria del Banana Split y el sueño americano.
3. **Ingrediente Tres - Helado: Préstamos/Créditos/Deudas**
   Las formas de utilizar el dinero son tan numerosas como los sabores de los helados.
4. **Cuarto ingrediente: los aderezos: Evitar las minas financieras**
   Cubren otros ingredientes y afectan a su sabor general.
5. **Quinto ingrediente: nata montada: Invertir en riqueza y jubilación anticipada**
   El rápido crecimiento demuestra su determinación para seguir los planes financieros y acelera el paso hacia el Sueño Americano.
6. **Sexto ingrediente - La guinda: buena voluntad y caridad**
   Su dulzura da dirección y propósito a tus finanzas.

Los ingredientes 1 - 4 protegen tu dinero. El ingrediente 5 hace crecer tu dinero. El ingrediente 6 te da apoyo emocional.

Juntos guían sus finanzas a lo largo de las etapas de la vida.

1

Primer ingrediente: tesorería y banca

El flujo de caja y la banca son el plato del banana split. Es la parte de tu plan financiero que tiene que ser sólida, sin fugas.

Conocer y gestionar activamente su flujo de caja es la diferencia entre controlar su dinero o que su dinero le controle a usted... y punto... y punto.

Cuánto gastas en tarjetas de crédito, ocio, comida, ropa o teléfono y cuánto eres capaz de ahorrar deben ser decisiones informadas porque están directamente relacionadas con tu flujo de caja.

El crédito y la deuda son tan importantes para tu salud financiera que se tratan por separado en el ingrediente tres: Préstamos, crédito y deuda. Un presupuesto te ayuda a tomar decisiones informadas porque te darás cuenta de cuánto efectivo disponible tienes para gastar cada mes antes de que endeudamiento excesivo, como se explica a continuación.

Un amigo me preguntó hace poco: "¿Cómo puede alguien gastarse un millón de dólares sin darse cuenta y acabar arruinado?". Mi respuesta: "No prestaban atención, no sabían o no les importaba el flujo de caja: cuánto entraba frente a cuánto salía". Este escenario les ocurre a los famosos todo el tiempo.

Mi punto: Si una superestrella millonaria puede tener problemas financieros, debe ser **consciente** de sus **entradas y salidas de efectivo,** que es exactamente lo que un presupuesto le ayuda a ver.

¿Qué le lleva a gastar por encima de sus posibilidades? La publicidad. No te pasa nada. Usted es humano. Los anunciantes lo saben y lo utilizan para venderte productos y servicios, intentando priorizar su necesidad de vender sobre tu necesidad de reflexionar detenidamente antes de comprar. Somos víctimas de la publicidad con un fuerte atractivo psicológico.

Los anunciantes utilizan la ciencia del comportamiento (el estudio de la conducta) y los datos recogidos de nuestros teléfonos inteligentes, transacciones con tarjetas de crédito, etc. para comprender nuestros hábitos de compra.

Nos conocen mejor que nosotros mismos. En nuestro sitio web, en la sección Gana Autoconciencia Monetaria, aprenderás técnicas para comprender y redirigir tus acciones de aquellas con resultados negativos a resultados positivos para tu futuro financiero.

También puedes resistirte a estas técnicas siempre presentes y sofisticadas que no añaden calidad duradera a tu vida y te alejan aún más del Sueño Americano con las siguientes técnicas:

Defensa del flujo de caja - Cuatro técnicas útiles

(Explicado en nuestro sitio web y en este libro)

1) Utilice su mantra del poder del dinero (de nuestro sitio web): Toma conciencia de tu dinero para controlar las posibles malas decisiones de gasto.

Después de repetir esta secuencia varias veces, se convierte en algo automático. La aplicarás a todas tus futuras decisiones de compra.

2) Empiece ahora a ahorrar para su futuro, ya sea para comprar una casa o para aumentar los ahorros para la jubilación con el fin de contrarrestar los gastos excesivos. Una forma sencilla de conseguirlo es aplicar deducciones automáticas de su nómina o cuenta corriente y transferir esos fondos a cuentas de ahorro/pensión/inversión. Para ello se utiliza la técnica "ojos que no ven, corazón que no siente" (que se detalla más adelante).

Las deducciones automáticas son un peldaño importante en su camino hacia la seguridad financiera. Esto es tan importante que se detalla de nuevo por separado en el Ingrediente Cinco: .... y fue el método utilizado en True Story- Empleado, arriba.

3) Sé un "consumidor consciente". Ganar dinero requiere tiempo y esfuerzo. Ten respeto por ti mismo y considera tus decisiones de gasto teniendo esto en cuenta.

Tienes mucho más control sobre lo que gastas... que sobre lo que ganas.

Antes de abrir la cartera y entregar el dinero, pregunte:

- ¿Voy a utilizar realmente este producto o servicio? ¿Vale la pena?
- ¿Puedo vivir sin él? ¿Cómo cambia esto mi vida?
- ¿Poseo alguna otra cosa que me proporcione el mismo uso?
- ¿Sentí necesidad de este artículo antes de verlo en la tienda?
- ¿Puedo conseguir el mismo producto o servicio por menos dinero en otro sitio?

4) Conozca y controle su flujo de caja mediante un presupuesto. En la página siguiente encontrarás un ejemplo de presupuesto de una página en blanco. Se trata simplemente de sumar todos tus ingresos

y luego sumar todos tus gastos y restar uno del otro. El resultado neto muestra si cada mes gastas todo, más o menos dinero del que ingresas: el concepto básico de flujo de caja. En otras partes de este libro encontrará técnicas para mejorar su flujo de caja mensual, ayudándole a ahorrar y a aumentar su patrimonio.

También puedes entrar en: www.FinancialBananaSplit.com para descargarte aplicaciones de servicios que te ayuden a elaborar un presupuesto y a seguir y gestionar tu dinero.

Estas aplicaciones permiten a los usuarios seguir la actividad de bancos, tarjetas de crédito, inversiones, préstamos y transacciones financieras a través de una única interfaz de usuario. Los usuarios también pueden crear presupuestos y objetivos financieros.

No dudes en utilizar mi formato para introducir tu propia información. Lo que buscas son cifras realistas, una buena estimación, no la perfección. Tu precisión mejorará a medida que completes cada presupuesto mensual.

Obtén información de tus extractos bancarios y de tarjetas de crédito, recibos, chequera, efectivo en mano, memoria, etc. Echar la vista atrás y ver cómo se gasta el dinero cada mes le sorprenderá. Te abrirá los ojos sobre tus hábitos de gasto.

Haz también una lista de los gastos que se producen una vez al año (cumpleaños, vacaciones, etc.), súmalos todos y divídelos por doce. Pon esta cantidad en la partida "Gastos anuales" de tu presupuesto mensual. Si no gastas esta cantidad mensualmente, la tendrás para gastarla en la época del año para la que está destinada: fiestas, cumpleaños, vacaciones, etc.

Estrategia de creación de riqueza

Combine su trabajo de Presupuesto Mensual (página 18) con Deducciones Automáticas (página 100) para esta estrategia ganadora de creación de riqueza:

1. Completa tu(s) presupuesto(s) mensual(es) utilizando cifras realistas.
2. Establezca deducciones automáticas para financiar, según sus posibilidades:
   a) Fondo de emergencia (4 meses).
   b) Ahorrar para la entrada de una casa.
   c) Principales gastos corrientes de la casa: Mtg. /prop. impuestos / seguros.
   d) Pensiones e inversiones.

Ajustar los importes/categorías según cambien las circunstancias futuras.

SU PRESUPUESTO MENSUAL

PRESUPUESTO DE GASTOS COLUMNA 1		COLUMNA 2	
Alquiler o Mteg + Prop. tax	$ ___	Seguros	$ ___
Servicios públicos	$ ___	Ropa/zapatos	$ ___
TV/Internet	$ ___	Educación	$ ___
Teléfono	$ ___	Gastos de préstamos a estudiantes	$ ___
Gastos del coche: gas/ins/pkg/maint.	$ ___	Préstamos: otros	$ ___
Peluquería: cuidado del cabello/uñas, etc.	$ ___	Limpieza en seco	$ ___
Farmacia	$ ___	Cosméticos/cuidado de la piel	$ ___
Entretenimiento	$ ___	Seguro de enfermedad	$ ___
Viajes/vacaciones	$ ___	Aficiones/deportes	$ ___
Comida: comestibles/entregas, etc.	$ ___	Guardería/niñera	$ ___
Asignación de los hijos/otros gastos	$ ___	Cuidado de mascotas	$ ___
Suscripciones y cuotas de clubes	$ ___	Caridad	$ ___
Pago inicial: futura cas	$ ___	Pensión alimenticia	$ ___
Fondo de emergencia: (4 meses)	$ ___	Pensión alimenticia	$ ___
Otros	$ ___	Mínimo de la tarjeta de crédito	$ ___
Pensiones/Inversione	$ ___	Otros	$ ___
Gastos anuales	$ ___	Otros	$ ___
COLUMNA 1 TOTAL	$ ___	COLUMNA 2 TOTAL	$ ___

Gastos: Columna 1 + Columna 2 =

PRESUPUESTO TOTAL GASTOS: $ ______________

PRESUPUESTO INGRESOS COLUMNA 1		COLUMNA 2	
Sueldo(s)/salario(s) neto(s)	$ ___	Pensión alimenticia	$ ___
Bonificación/otros	$ ___	Pensión alimenticia	$ ___
Ingresos en efectivo (propinas, etc.)	$ ___	Inversión neta	
Devoluciones netas (impuestos, etc.)	$ ___	Ingresos	$ ___
Ingresos netos por alquileres	$ ___	Trabajos raros/pasatiempos	$ ___
Otros $ netos	$ ___	Otros	$ ___
		Otros	$ ___
COLUMNA 1 TOTAL	$ ___	COLUMNA 2 TOTAL	$ ___

Ingresos: Columna 1 + Columna 2 =

PRESUPUESTO TOTAL INGRESOS: $ ______________

INGRESOS PRESUPUESTARIOS TOTALES menos
GASTOS PRESUPUESTARIOS TOTALES =

IMPORTE NETO DE SU PRESUPUESTO MENSUAL (+/- (+/-): $ ________

Sea cual sea el importe neto de tu presupuesto mensual, puedes aumentar tu superávit o reducir tu déficit (para que se convierta en superávit) realizando una revisión básica de tus gastos. Decide cuáles son necesidades y cuáles deseos. Sé inteligente: cambia varios deseos por ahorros.

La forma más eficaz de recortar gastos es planificar las compras.

Transferencias presupuestarias mensuales

El dinero sobrante debe ir primero a tu Fondo de Emergencia (4 meses de gastos de manutención). A continuación, a su vivienda, como fondo para el pago inicial o la amortización anticipada de la hipoteca. Después, a su pensión. A continuación, a inversiones no relacionadas con la pensión.

La forma más sencilla de hacerlo es aplicar deducciones automáticas de su cuenta corriente mensualmente o de cada nómina.

Ejemplo: Si su sueldo neto es de 800 dólares cada dos semanas, pida a su jefe que le descuente 112 dólares (8 dólares al día x 14 días) y se los ingrese automáticamente en su cuenta de ahorro. O pida a su banco que transfiera mensualmente el doble de esta cantidad de su cuenta corriente a su cuenta de ahorro. A continuación, haz la transferencia a la cuenta que corresponda. Es algo que "no se ve, no se piensa", y no hay que tomar decisiones semanales o mensuales sobre si hay que deducir o no, o cuánto. De este modo, el dinero se mantiene fuera del alcance del "dinero para gastos". Usted ajustará su estilo de vida para adaptarse a esto automáticamente (Automatic Las deducciones se detallan más adelante en el quinto ingrediente: Invertir).

Una alternativa a un banco es un programa ofrecido por la Administración de la Seguridad Social, que forma parte del gobierno federal. Su programa gratuito invierte tu dinero en bonos del Tesoro de Estados Unidos, considerados una de las inversiones más seguras del mundo. Puede retirar su dinero en en cualquier momento, sin penalización. ¿Inconvenientes? Crecimiento lento a tipos de interés bajos. www.FinancialBananaSplit.com para un enlace a este sitio web.

Divorcio - Nota especial: Los problemas de dinero son la principal causa de divorcio. Divorcio = gran obstáculo financiero para alcanzar el sueño americano. **Desarrolle** un presupuesto mensual de muestra **ahora** con su pareja potencial en el que ambos puedan estar de acuerdo, **antes de casarse**. Resuelvan los problemas de dinero ahora, antes de que causen problemas.

Los bancos, una parte importante de su tesorería

Definición: Un banco es una institución financiera autorizada y regulada por el gobierno como receptor de dinero depositado. Los bancos operan como bancos comerciales o cooperativas de crédito. Los accionistas corporativos son los propietarios de los bancos comerciales. Los depositantes, como miembros, son propietarios de su cooperativa de crédito.

Las cooperativas de crédito suelen cobrar comisiones más bajas por los servicios bancarios, tipos de préstamo más bajos y planes de ahorro con intereses más altos.

Los bancos comerciales son más favorables a las empresas y ofrecen una mayor variedad de servicios.

Seguro de depósitos: Su dinero -hasta 250.000 dólares por cuenta cualificada- está asegurado contra las pérdidas derivadas de la quiebra de un banco.

Los bancos comerciales utilizan la Federal Deposit Insurance Corporation (FDIC), y las cooperativas de crédito, la National Credit Union Association (NCUA). Son programas igualmente seguros.

Compruebe que su banco participa en uno de ellos (suele haber un cartel en la puerta) pidiéndole un justificante de afiliación.

Elegir una entidad financiera

Las cuentas bancarias incluyen cuentas corrientes y de ahorro, cuentas del mercado monetario, certificados de depósito y cuentas de pensiones IRA (Individual Retire- ment Accounts).

El acceso a los bancos y cooperativas de crédito puede realizarse acudiendo a un lugar físico (sucursal), a un cajero automático, o en línea por ordenador o utilizando su smartphone.

Utilice los siguientes criterios para elegir el banco más adecuado para usted:

- Conveniencia: ¿Quiere o necesita interactuar en persona? Entonces elige un banco con una sede física cerca de ti.
- Facilidad de las transacciones: ¿Cómo va a realizar sus transacciones? ¿En persona? ¿en línea? ¿Utilizando una aplicación para hacer depósitos por smartphone? ¿Utilizando cajeros automáticos cercanos? Elija el banco que mejor se adapte a su estilo de vida.
- Intereses: Quién paga tipos más altos en los productos financieros: Ahorro, CD (certificados de depósito), cuenta corriente, mercado monetario, etc.
- Tasas: ¿Qué tasas se cobran por qué? ¿cuándo? ¿Tarjeta de crédito? ¿Cuentas corrientes? ¿Cuántos cheques gratuitos puede librar al mes? ¿Se requiere un saldo mínimo para evitar una comisión mensual?

Tipo

Finalidad	Explicación
Cuenta corriente	Se utiliza para gastar. Poco o ningún interés pagados. Acceso: cheques/tarjeta de débito/ transferencia electrónica/ingreso bancario y resguardo de retirada en el banco. Penalizaciones por descubierto (gastar por encima del saldo de la cuenta) y comisiones por servicio/demasiados cheques al mes o por mantener un saldo demasiado bajo. Cuenta corriente + cuenta de ahorro = Saldo total.
Cuenta de ahorro	Se utiliza para ahorrar. Los intereses se pagan en porcentaje del saldo medio de su cuenta de ahorro: 2% = 2 $ al año sobre un saldo de 100 $. Acceso: ingreso y reintegro bancario/transferencia electrónica. Comisiones de servicio/depósito mínimo de apertura/comisión por saldo bajo.
Certificado de depósito	Denominado CD. Se utiliza para ahorrar. Tiene una duración específica: 1 año, 6 meses, etc. Ofrece un tipo de interés superior al de las cuentas de ahorro. No hay acceso a la duración del CD. Penalizaciones por cancelación anticipada. No utilizar para dinero necesario antes de que finalice el plazo del CD.
Cuenta del mercado monetario	Se utiliza para ahorrar. Tipo de interés más alto que la cuenta de ahorro.

	El tipo de interés varía en función del tipo de interés de mercado. Acceso: cheques y transferencias electrónicas. Se requiere un saldo mínimo para abrir y mantener la cuenta; si no, se cobran comisiones.
Jubilación individual Cuenta de ahorro para la jubilación (IRA) Pensión	Utilizada para el ahorro y el crecimiento durante la jubilación. Muchas opciones de inversión: véase el Ingrediente Cinco: Invertir para obtener riqueza y una jubilación anticipada. Acceso: transferencia bancaria electrónica / resguardo de retirada. Penalizaciones por retirada anticipada = antes de los 59 ½ años.

Los bancos pueden ofrecer otros servicios, como hipotecas, préstamos sobre el valor de la vivienda, préstamos para automóviles, préstamos personales, tarjetas de crédito, transferencias bancarias, cambio de divisas, cajas de seguridad, cheques de viaje, giros postales, etc. Visite el banco o su sitio web. Www.Bankrate.com es fácil de usar.

Cómo abrir una cuenta bancaria

1. Visite un banco en persona o por Internet: www.Bankrate.com/banking.
2. Los documentos que necesitará para cada persona que presente la solicitud son los siguientes
   a) Documento de identidad válido expedido por el gobierno: pasaporte, carné de conducir, etc.

   b) Tarjeta de la Seguridad Social, número de identificación fiscal de la cuenta fiduciaria u otro número válido de identificación fiscal federal.
   c) Justificante de domicilio actual: carné de conducir, factura de servicios públicos, factura del impuesto de bienes inmuebles, etc.
3. Rellene + firme la solicitud del banco. Si es menor de 18 años, se necesita un padre/tutor.
4. La solicitud puede no requerir fondos. Abrir la cuenta sí. Los mínimos varían.

Cómo cuadrar la chequera

1. En qué consiste: Comparar tus registros financieros con los registros del banco de tu cuenta corriente. Y verificar que ambos saldos finales coinciden.
2. ¿Por qué hacerlo? Para ver su saldo disponible actual, detectar errores bancarios y comerciales e identificar fraudes: cuanto antes, mejor.
3. Cuándo hacerlo: Una vez al mes. Mensual = menos trabajo y mayor precisión.
4. ¿Tengo que hacerlo si sólo realizo operaciones bancarias por Internet? Sí, por las razones expuestas anteriormente.
5. Cómo cuadrar la chequera (Ilustraciones páginas 24-36):
   a) Anote todas las transacciones en el registro de su chequera o en el rastreador de gastos en línea cada vez que realice un pago con cheque, tarjeta de débito, transferencia electrónica, retiro bancario o comprobante de depósito o cualquier otra deducción o ingreso en o de esta cuenta. Anote el número de cheque, la fecha, el beneficiario, la finalidad y el importe.

b) Actualice el saldo de su chequera cada vez que realice una transacción.

c) Concilie el extracto bancario con su registro de cheques/ seguidor de gastos:

1. Revise su extracto bancario línea por línea. Marque la casilla de su registro de cheques junto al cheque u otra deducción o suma que corresponda a la del extracto bancario.
2. Empieza por el saldo final de tu extracto bancario.
3. Añade al saldo los depósitos de registro no comprobados.
4. Reste del saldo las deducciones de registro no marcadas.
5. Los pasos anteriores 2+3+4 deben ser iguales al saldo actual de su chequera. Si no es así: a) Revise la exactitud de su chequera. ¿Ha omitido algún ingreso o cargo? b) ¿Ha omitido alguna comisión? c) ¿Ha recibido reembolsos de artículos devueltos o envíos que faltan y que anotó pero que el banco no conoce? d) ¿Hay cargos que no son exactos o compras que no reconoce? Esto podría indicar FRAUDE! e) Póngase en contacto con el banco y/o el comerciante o la tarjeta de crédito para aclarar o impugnar **inmediatamente** cualquier cargo desconocido - véase Impugnación de un extracto de facturación incorrecto - página 27. Póngase en contacto con la unidad antifraude de cualquiera de los anteriores si sospecha que se trata de un fraude y solicite una carta o un correo electrónico como prueba de su interacción con ellos. Siga los pasos para el robo de identidad del Ingrediente Tres si sospecha que es víctima de un robo de identidad o fraude.
6. Marque en su registro de cheques el punto en el que terminó el mes.

DECLARACIÓN BANCARIA

MONEY T@LKS
111 Main Street
En cualquier lugar, EE.UU. 12345

Período que finaliza el 2/23/XX
Fecha del último extracto: 1/25/XX
Cuenta: 123456789

Talent Scouts
50 State Street
En cualquier lugar, EE.UU. 12345

Fecha	Artículo	Importe del cheque	Importe del depósito	Saldo
	Saldo inicial			$2000.00
2/2	Retirada de cajeros automáticos	$300.00		$1700.00
2/3	Cuota mensual de servicio	$ 10.00		$1690.00
2/5	Cheque nº 321	$138.50		$1551.50
2/7	Cheque nº 322	$250.50		$1301.00
2/9	Retirada de cajeros automáticos	$ 83.00		$1218.00
2/10	Cheque nº 323	$350.00		$ 868.00
2/14	Retirada	$103.00		$ 765.00
2/19	Cheque nº 325	$ 97.75		$ 667.25

Comprobar	Importe
321	$138.50
322	$250.50
323	$350.00
***	
325	$ 97.75

*** indica que falta un control

Anterior Saldo	Total Depósitos	Total Comprobaciones	Nº de Comprobaciones	No. ATM Trans.	Nº de Depósitos	Servicio Carga	Nuevo Saldo
$2000.00	$0	$836.75	4	3	1	$10.00	$667.25

Impugnación de facturas incorrectas

1. Reúna y revise todos los documentos relacionados (papel/ordenador) para encontrar toda la información relacionada con el asunto: extracto de facturación, extracto bancario y de tarjeta de crédito, factura, cheque cancelado, contrato, etc. Busca tu número de cuenta.
2. Compare el importe facturado incorrectamente con la documentación reunida.
3. Anote la discrepancia: importe correcto frente a incorrecto y en qué documentos aparece esta información.
4. Póngase en contacto con el vendedor por teléfono, correo electrónico o carta certificada y explíquele el error y sus conclusiones.
5. a) El vendedor demuestra que no hubo error - usted está de acuerdo - vale - fin.
   b) El vendedor entiende y acepta y se compromete a corregir: pregunte cómo/ cuándo.
   c) El vendedor no responde o no está satisfecho con la explicación:
1. Pide hablar con un supervisor. ¿Sigue siendo inaceptable?
2. Póngase en contacto con los organismos federales/estatales de protección de los consumidores según las Leyes de Protección de los Consumidores - Finanzas, más abajo.

Legislación sobre protección de los consumidores - Finanzas

El objetivo de las leyes financieras de protección al consumidor es prevenir los daños causados a los consumidores (el público en general) por prácticas comerciales abusivas, como hipotecas, tarjetas de crédito, préstamos para automóviles, préstamos personales, cobro de deudas, discriminación en materia de vivienda, préstamos a estudiantes, informes fraudulentos, fraude en inversiones bursátiles, privacidad de la información financiera personal, telemarketing, robo de identidad, informes de crédito, estafas, prácticas de fijación de precios engañosas, publicidad engañosa, etc. Su mejor protección es la plena divulgación de todos los términos y condiciones, claramente expuestos.

Las leyes de protección del consumidor están supervisadas por los gobiernos federal y estatal. Póngase en contacto con ellos para obtener información sobre sus derechos, formular preguntas y presentar una denuncia.

Comisión Federal de Comercio (FTC) Tel: (877) 382-4357. En línea: www.consumer.ftc.gov.

Agencia estatal de protección del consumidor: Tel: (844) 872-4681. En línea: www.usa.gov/state-consumer.

Historia real - Mi reclamación como consumidor

Hace varios años, recibí un presupuesto en línea de una empresa de mudanzas para un traslado Florida > Colorado, por 1.500 dólares. Firmé un contrato estimado. Recogieron mis pertenencias y las trasladaron a su almacén. Cuando me trasladé, llamé a la empresa para preguntarles la situación. Me dijeron que el precio era de 11.000 dólares por enviar las pertenencias a Colorado. Pensé que habían confundido mi mudanza con la de otra persona, pero no fue así. Hablaban en serio. Noté en la parte inferior de mi contrato un número de queja para llamar al Departamento Federal de Transporte (DOT).

Les llamé y les conté mi situación. Me dijeron que podía presentar una reclamación, pero me sugirieron que la solución más rápida era volver a llamar a la empresa de mudanzas, decirles que había hablado con DOT y ver si estaban dispuestos a colaborar conmigo para resolver el problema. Eso es lo que hice. En cuanto mencioné el DOT, los de la mudanza se disculparon inmediatamente y me preguntaron: "¿No le ha llamado nuestro jefe para informarle de esta confusión? (¡Sí, claro!) Redujeron su precio de 11.000 $ > 3.500 $ (razonable) - Fin. Moraleja: Como consumidor, tienes derechos y poder. Utilízalos a tu favor.

Una historia real - Un error bancario millonario

Me hice millonario brevemente cuando tenía doce años debido a un error administrativo bancario.

Cuando yo crecía en los suburbios en los años sesenta, la mayoría de la gente tenía cuenta en su banco local. Los adultos tenían cuentas corrientes, de ahorro y de Navidad, y los niños ingresaban parte del dinero de sus cumpleaños o vacaciones en pequeñas libretas de ahorro. La libreta se parecía a un pasaporte. Cada vez que uno ingresaba o retiraba dinero, el cajero lo anotaba en la libreta a máquina. Un día hice un pequeño ingreso en mi libreta de ahorros, me fui a casa, guardé la libreta en el cajón de la cómoda y me olvidé de ella.

Al día siguiente sonó el teléfono. La mayoría de la gente sólo tenía un teléfono en casa, generalmente colgado en la pared de la cocina. Nuestro teléfono era el típico de color verde oliva y disco giratorio. Mi madre contestó. Se excitó mucho con lo que decía la persona que estaba al otro lado de la línea.

Me preguntó: "Bruce, ¿hiciste ayer un ingreso con tu libreta en el banco?".

Como era un niño, supuse que debía de haber hecho algo mal. Respondí tímidamente: "Sí", y mi madre me dijo: "¡Ve a buscarlo y tráelo aquí enseguida!".

Cogí la cartilla y se la di a mi madre. Ella la abrió y exclamó: "¡Dios mío… tienes razón!". Colgó rápidamente el teléfono y me enseñó mi libreta de ahorros. En lugar de anotar un total de 100 dólares, el cajero del banco anotó erróneamente un total de 1.000.000 de dólares.

¡¡Estaba rico!! . . durante unas 24 horas.

Mi madre me dijo que fuera inmediatamente al banco, donde la avergonzada cajera corrigió su error. Tachó mi millón de dólares recién descubierto y lo sustituyó por los 100 dólares correctos. Moraleja: Comprueba cada detalle de tus extractos bancarios y de tarjetas de crédito todos los meses. El hecho de que aparezca en un extracto no significa que sea cierto. Debes proteger tu dinero y tu crédito y ser tú quien juzgue… ¡lo bueno y lo malo!

Ingrediente uno - Conclusión

El flujo de caja y la banca están interconectados y es el ingrediente más importante que debe comprender y supervisar regularmente para su salud financiera.

Ingrediente uno: Puntos principales de

1. Gestión de tesorería = Controle su dinero, no deje que él le controle a usted.
2. Un presupuesto mensual muestra las entradas y salidas de efectivo. Muchos bancos disponen de aplicaciones telefónicas para realizar presupuestos mensuales.
3. Las deducciones automáticas evitan el gasto excesivo = mayor ahorro / menos deuda.

4. Elabore un presupuesto antes del matrimonio o para ayudar antes del divorcio.
5. Elección de banco: Facilidad de uso, gastos y comisiones, tipos de interés devengados/cobrados.
6. Revise y salde mensualmente su extracto bancario en busca de errores y exactitud.
7. Evalúe si determinados gastos son una necesidad o simplemente un deseo.
8. Haga balance de su chequera cada mes
9. Impugnar cargos de facturación incorrectos. Tomar medidas inmediatas en caso de sospecha de fraude.
10. Conozca sus derechos como consumidor y cómo ejercerlos.

2

Segundo ingrediente: la vivienda en propiedad

La vivienda en propiedad es el plátano del banana split. Es la base del banana split y del sueño americano.

Propósito de este libro

El propósito de este libro, como ya he mencionado, es permitirle alcanzar el Sueño Americano, que incluye la propiedad de la vivienda.

Objetivo: Reescribir tu HISTORIA ... y desbloquear tu DESTINO.

Su historia

Su historia (o la de su hijo/nietos) puede incluir una o varias de estas verdades:

- No puedes permitirte una casa con tu trabajo actual.
- Estás agobiado por la deuda estudiantil.
- Nunca tendrás la flexibilidad financiera necesaria para jubilarte.

Ser propietario de una vivienda es la clave para reescribir su historia y desbloquear su destino, porque los bienes inmuebles históricamente aumentan de valor, lo que le da:

- Un aumento de la riqueza que no requiere otro trabajo.
- Un activo con el que puedes endeudarte para pagar la deuda estudiantil.
- Una fuente de ingresos adicional: el alquiler total o parcial.

Una estadística de la Oficina del Censo de Estados Unidos revela que la vivienda nueva media costaba 82.500 dólares en 1981 y 242.300 dólares en 2011, lo que supone un aumento de 159.800 dólares y un incremento del 300%. Este periodo refleja el plazo de una hipoteca estándar a 30 años.

Mis padres compraron nuestra casa en 1958 por 36.000 dólares. Era una casa mediana de dos niveles, típica de los suburbios. Se vendió en 1998 por 405.000 dólares, lo que supone un aumento de 369.000 dólares y una ganancia de casi el 1200% en 40 años.

Estos ejemplos ilustran la propiedad de una vivienda a largo plazo. A veces, periodos más cortos han resultado desastrosos para los propietarios, como el colapso hipotecario de 2008. En este caso, una caída del precio de la vivienda del 75% desde su máximo no era inusual. La gente lo perdió todo. Pero era un buen momento para comprar una casa si te lo podías permitir, como hizo mi amiga June en True Story - June Chopper en Ingrediente Cinco. A continuación hablo de las consideraciones sobre el momento oportuno para comprar una casa.

Póngase al día/Step up

Problema: no puedes permitirte comprar una casa porque no consigues ahorrar lo suficiente para ponerte al día con los requisitos de pago inicial cada vez mayores debido a los préstamos estudiantiles, etc.

Poner en práctica las recomendaciones de este libro le permitirá convertirse en propietario de una vivienda con mucho menos dinero e ingresos de lo que usted creía posible. Esto pone a su favor el aumento del valor de la vivienda.

Ser propietario de una vivienda - Visión general rápida

El objetivo principal de este libro es que usted se convierta en propietario de una vivienda y pueda pagar su hipoteca cuanto antes.

Una hipoteca es el tipo de préstamo que se utiliza para comprar una vivienda. Por "vivienda" se entiende el bien inmueble del que se es propietario y en el que se reside con independencia de de tipo: casa, condominio, cooperativa, adosado, etc.

Ser propietario de una vivienda te permite pasar de tener sueños a hacer planes, porque evita que seas víctima de alquileres cada vez más altos. Una hipoteca a tipo fijo (el tipo de interés nunca cambia) puede incluso bajar si refinancia cuando bajan los tipos de interés (detallado más adelante en este Ingrediente).

Una vez cancelada la hipoteca, los gastos de vivienda disminuyen drásticamente porque ya no tiene que pagar cuotas mensuales. Ser propietario resulta mucho más barato que alquilar.

Ser propietario de una vivienda, sin hipotecas, es la principal seguridad financiera, ya que permite disponer de liquidez para invertir en la acumulación de riqueza (detallado en el Ingrediente Cinco: Invertir).

En el camino hacia la vivienda propia podrá alcanzar también otros objetivos financieros importantes:

1. Aumente su patrimonio - El valor de la vivienda aumenta históricamente con el tiempo. Su porcentaje de propiedad de

la vivienda también aumenta a medida que paga el principal de su hipoteca cada mes.

2. Ahorrar para la jubilación - El dinero ahorrado por no pagar el alquiler y puesto a trabajar en pensiones y otras inversiones puede crecer por sí solo (véase el Ingrediente Cinco: Invertir).
3. Pague los préstamos estudiantiles - Su casa es un activo que puede utilizarse como garantía para asegurar un préstamo sobre el valor neto de la vivienda a un tipo de interés más bajo que el de su préstamo estudiantil. Los cálculos para evaluar sus mejores opciones de préstamo se describen más adelante en este Ingrediente.

Propiedad de la vivienda — Su itinerario financiero básico

El camino financiero básico hacia la vivienda en propiedad sigue un planteamiento "ascendente", como el que se expone a continuación:

Ahorra para convertirte en copropietario y luego compra tu propia casa:

- Ahorra suficiente dinero para comprar una "acción" en una casa de propiedad colaborativa. Te conviertes en accionista (como un accionista corporativo) mientras vives en esta casa con otros.
- Vende tu parte más tarde para obtener un beneficio. Utilícela como entrada para comprar su propia casa. El beneficio está libre de impuestos si se utiliza de esta manera - el IRS lo considera una "reinversión residencial".

Ejemplo

Este es un ejemplo de cómo seguir el camino de la Financiación Básica para la Adquisición de una Vivienda:

Ejemplo basado en un precio de compra de la vivienda de 200.000 $/pago inicial del 10% (20.000 $)/su porcentaje de propiedad del 25% (¼).

1. 8 $ al día x 365 días = 2.920 $ (cantidad ahorrada en un año).
2. 2.920 $ x 3 años = 8.760 $ (cantidad ahorrada en tres años).
3. Cantidades necesarias para tu 1/4 de vivienda en propiedad:
   5.000 $ - Pago inicial de la hipoteca.
   2.275 $ - Fondo de emergencia de la Cámara (se explica más adelante).
   1.485 $ - Gastos de cierre de la casa (se explican más adelante).
   8.760 $ - Importe total necesario = Importe total ahorrado.
4. El valor de la casa aumenta 100.000 $ en cinco años, pasando de 200.000 $ a 300.000 $. Tu parte = 32.275 $: 7.275 $ (Pago inicial reembolsado + Fondo de emergencia de la casa) más 25.000 $ (Tu parte, el 25%, del aumento de 100.000 $ del valor de la casa)*.
5. Vendes tu parte y te llevas 32.275 dólares en efectivo.
6. Utiliza este dinero para pagar la entrada de tu propia casa.

* Más dinero adicional pagado en la hipoteca

Unas palabras sobre Crowdfunding

El "crowdfunding" se ha popularizado recientemente y es utilizado por particulares y empresas para recaudar dinero para proyectos, especialmente de nueva creación, cuando no se dispone de capital a través de los canales tradicionales (bancos, etc.). Si estás pensando en obtener una hipoteca, un prestamista tradicional no te la concederá si has pedido dinero prestado para el pago inicial, incluido el crowdfunding.

Es posible que el crowdfunding pueda ser una fuente para el pago inicial si se ofrece el trato adecuado. Los participantes en el crowdfunding podrían insistir en una parte de los beneficios cuando vendas tu parte de la casa. Esto contradice el propósito del proceso de "aceleración" para la compra de una vivienda y debe tenerse en cuenta a la hora de evaluar cualquier oferta. También hay que tener en cuenta el tipo de interés y la estructura ofrecida: ¿fijo/variable/balón? (Todo se explica más adelante).

Comparaciones con los tipos de interés hipotecarios actuales y los sitios web de financiación colectiva: www.FinancialBananaSplit.com.

Aspectos básicos de la compra de vivienda

Es importante comprender los aspectos básicos de la compra de vivienda para prepararse y evaluar su disposición a comprar una casa y conseguir la mejor oferta.

Antes de comprar una vivienda, ya sea como accionista o como único propietario, hay ocho aspectos básicos que conviene conocer.

1. Legal

Una escritura a su nombre equivale a la propiedad de una vivienda, del mismo modo que un título de propiedad le otorga la propiedad de un automóvil.

Sus derechos y responsabilidades específicos pueden incluir:

- Disfrute tranquilo de su propiedad.
- Invita a quien quieras, cuando quieras, a tu casa.
- Remodelación, demolición, construcción para adaptarse a su estilo de vida.
- Vender o alquilar su propiedad y obtener beneficios.

- Pagar los impuestos de propiedad. Contratar seguros contra incendios y de responsabilidad civil.
- Mantener el exterior de su vivienda dentro de las normas locales de seguridad, salubridad, aspecto físico, etc.
- Pérdida de uso por catástrofe o defectos de construcción.
- El secretario de su condado tendrá información sobre impuestos, etc.
- ¿Existe una comunidad de propietarios? ¿Existen cuotas y restricciones? Compruebe las normas de zonificación antes de remodelar.

2. Inversión

Ser propietario de su propia vivienda debería ser su principal inversión financiera inicial por todas sus ventajas económicas.

Como inversión, su vivienda incorpora muchas estrategias de inversión clásicas (detalladas en el Ingrediente Cinco: Invertir):

- Revalorización: Históricamente, los bienes inmuebles se revalorizan con el paso del tiempo.
- Creación de riqueza: Aumenta su porcentaje de propiedad de la vivienda con cada pago de la hipoteca, ya que así se reduce el capital pendiente de pago del saldo de su hipoteca (excepto en las hipotecas de "sólo intereses", que se explican más adelante).
- Páguese usted primero: Pagar tu hipoteca te beneficia a ti primero, no al casero.
- Flujo de caja: Las deducciones por intereses hipotecarios, impuestos sobre la propiedad, oficina en casa, etc., reducen su factura fiscal anual, lo que aumenta su flujo de caja positivo.
- Diversificación de activos: Sus inversiones deben "diversificarse", es decir, colocarse en distintas "clases" de activos: acciones, bonos,

bienes inmuebles, materias primas (petróleo, maíz, soja, etc.). Esto protege su dinero porque, cuando algunas clases de activos bajan, otras suben. Su vivienda es su principal activo inmobiliario.

- Apalancamiento: Utilizar el dinero de otras personas para ganar dinero. La mayor parte del dinero para la compra de tu casa te lo presta el prestamista hipotecario. Tú sólo aportas el dinero del pago inicial: entre el 5% y el 20%. Ejemplo: Precio de compra de la casa = 200.000 $. Tu pago inicial = 20.000 $ (10%). Obtienes una hipoteca por los otros 180.000 $ (90%). Comprar una casa de 200.000 $ con 20.000 $ en efectivo es un apalancamiento de 10:1 de tu dinero.

3. Asequibilidad de la vivienda

¿Cuánto puede permitirse comprar y mantener? Para obtener una hipoteca, debes poder pagar todos los gastos básicos mensuales de la vivienda, conocidos como PITI - véase más abajo.

"PITI" (pronunciado piedad) cubre los gastos de la casa de Principal + Intereses + Impuestos + Seguros. El total no debe superar el 28% de los ingresos brutos mensuales de la unidad familiar (antes de impuestos). Además, pedir un préstamo mayor, aunque te lo ofrezcan, puede exponer y ha expuesto a la gente a un mayor riesgo de ejecución hipotecaria, como ocurrió en 2008. Ejemplo: Ingresos brutos mensuales totales de la unidad familiar = 4.200 $. Los gastos PITI mensuales totales no deben superar los 1.176 $ (28% de 4.200 $).

Componentes de ejemplo:

a) Hipoteca de 180.000 $ al 3,49% (P+I)/mes =	807,28 $
b) 3.000 $ de impuestos anuales sobre la propiedad/por mes =	250,00 $

c) 1.200 $ de seguro anual del propietario =	100,00 $
Total PITI/por mes =	1,157.28 $

En el ejemplo anterior, los ingresos mensuales cumplen los requisitos para comprar esta casa porque son superiores al PITI mensual: ingresos de 1.176 $ frente a un PITI de 1.157,28 $.

Su nivel de asequibilidad PITI: www.FinancialBananaSplit.com

Vivienda asequible

Nuestra nación sufre una crisis de vivienda asequible debido a factores como la falta de oferta: sólo el 20% de las nuevas viviendas se clasifican como asequibles (Asociación Nacional de Constructores de Viviendas). Los constructores favorecen los apartamentos de lujo. Una posible solución para muchos es el programa de colaboración para la adquisición de vivienda, por el que se aboga a lo largo de este libro. Funciona mejor para quienes buscan una vivienda en régimen de colaboración de tres a cinco años y desean: comprar > obtener beneficios > ascender a la propiedad exclusiva.

Veamos la siguiente información:

El alquiler mensual medio de un piso de un dormitorio es de 1.057 $. Compárelo con el ejemplo anterior del PITI mensual. Teniendo en cuenta que su propia casa le puede reportar miles de deducciones fiscales cada año (equivalentes a los intereses hipotecarios más los impuestos sobre la propiedad) y la revalorización histórica de los precios de los inmuebles, está claro que ser propietario es una buena opción mejor relación calidad-precio que el alquiler.

Además, si esta casa es propiedad en colaboración de cuatro accionistas, el PITI mensual de cada accionista es de 289 $. Compárese con el alquiler medio de un apartamento de un dormitorio, que asciende a 1057 dólares.

Esa es una razón financiera aún más convincente para tener casa propia cuanto antes.

Este ejemplo se ilustra en nuestro sitio web en Colabora para crear riqueza. En él se detalla cómo convertirse en propietario de una vivienda cuanto antes, con un poco de ayuda de tus amigos.

Además del PITI, hay que tener en cuenta otros gastos relacionados con la vivienda:

- Servicios públicos: electricidad, agua, alcantarillado.
- Servicios de Internet, televisión y teléfono.
- Mantenimiento del césped y retirada de la nieve.
- Reparaciones, mantenimiento, sustitución, mejoras según sea necesario.
- Seguro hipotecario privado (PMI) si el pago inicial es superior al 20%.

4. Riesgos de la vivienda en propiedad

Ninguna inversión está exenta de riesgos y la propiedad de una vivienda tiene sus propios riesgos:

1. Caídas de precios debidas a la situación económica local o nacional. Usted será el más afectado si debe vender cuando los precios sean mucho más bajos que su precio de compra. Alquilar su casa o su parte en la casa colaborativa puede ser su única opción hasta que los precios se revaloricen lo suficiente como para vender.
2. La casa es inhabitable, temporal o permanentemente, debido a daños causados por una catástrofe natural, moho o fallos estructurales. Sigues siendo responsable de los pagos de la hipoteca y los impuestos inmobiliarios. Es posible que el

seguro pague la totalidad o parte de sus pérdidas y gastos. Tendrá que trasladarse temporal o permanentemente.

Tenga en cuenta estos riesgos, así como todas las ventajas de ser propietario de una vivienda, e intente determinar su probable escenario futuro antes de asumir este importante compromiso vital.

Comprar una vivienda a un precio cercano a su mínimo histórico en lugar de a su máximo histórico con una hipoteca que pueda permitirse puede reducir significativamente sus riesgos financieros y mejorar el resultado de su inversión.

5. La hipoteca

La Ley Federal de Veracidad en los Préstamos (TILA) exige que el prestamista le entregue dos documentos en los que se detallen todos los gastos de financiación de la hipoteca: Inicial: Formulario de estimación del préstamo (3 páginas). Final: Formulario de divulgación de cierre (5 páginas). Muestras: FinancialBananaSplit.com.

La hipoteca a tipo fijo a 30 años, prestada a un tipo de interés competitivo, se considera el Gold Standard (el mejor). ¿Por qué? 1. Es a largo plazo reduce sus pagos mensuales a una cantidad razonable 2. Su tipo de interés fijo nunca puede subir 3. Puede amortizarse antes si lo desea, lo que reduce el gasto total en intereses. *Nota: Si no puede pagar su casa con una hipoteca a 30 años, reduzca el riesgo y espere hasta que pueda hacerlo.

Nota: Ten en cuenta que **refinanciar** una hipoteca significa volver a empezar con un **nuevo plazo hipotecario completo**. Pagar por adelantado su hipoteca actual en un plazo más corto en lugar de refinanciarla podría ser una opción más inteligente y también podría ahorrar miles de euros en intereses adicionales. Véase el ejemplo.

Comprueba que no hay penalización por pago anticipado. Entonces podrá realizar pagos adicionales del principal cuando disponga de efectivo extra. Su propia residencia totalmente pagada es generalmente la inversión más inteligente que puede hacer. ¿Por qué? Vive donde no eres propietario y estás pagando la hipoteca y los impuestos de otra persona por su propiedad.

Ejemplo: Precio de la vivienda de 200.000 $ con una hipoteca de 180.000 $ al 3,49%: Coste total de la hipoteca a 30 años = 290.621 $. Si se paga en 20 años, el coste total es de 250.932 $.

Esta amortización anticipada se consigue pagando 230 dólares más al mes por la hipoteca. Esto supone un ahorro de 39.689 dólares en el pago de intereses. Una hipoteca pagada aumenta enormemente su flujo de caja. Los ingresos, la calificación crediticia y el pago inicial determinan el tipo de interés de la hipoteca, los puntos y la tasa de interés (una comisión) y tipo ofrecido: fijo/variable/mezcla/sólo interés.

La hipoteca a tipo variable cambia cuando lo hacen los tipos de interés del mercado. Puede ser inasequible si los tipos cambian de bajo>alto = riesgo.

Precaución: Si no reúnes los requisitos para una hipoteca a tipo fijo a 30 años, quizá debas esperar. Desastre por delante si pierde su casa en una ejecución hipotecaria: crédito en ruinas y 7 años de espera para acceder a una hipoteca.

Ejemplo: La hipoteca de "sólo intereses". Las cuotas mensuales de la hipoteca son bajas porque sólo se destinan a pagar los intereses de la hipoteca, no el capital.

El riesgo de este tipo de hipoteca es que al final tienes que pagarla o refinanciarla, normalmente en cinco o diez años, en un pago único conocido como pago "global". Si no tienes dinero o no reúnes los requisitos para refinanciar el capital, puedes perder tu casa en una ejecución hipotecaria ordenada por un tribunal (el banco se hace con la propiedad).

Una hipoteca inversa

El programa de hipoteca inversa compra su vivienda si tiene 62 años o más y cumple determinados requisitos.

Aspectos positivos: Puede residir en su casa hasta el fallecimiento. Recibe una suma global en efectivo, una línea de crédito o un flujo de ingresos. Aspectos negativos: La entidad hipotecaria vende la vivienda en caso de fallecimiento, se recibe un precio inferior al del mercado para financiar el "rescate", las comisiones son elevadas y el contrato complicado. Www.FinancilBananaSplit.com para los prestamistas.

Alquiler con opción a compra

El alquiler con opción a compra es una estructura en la que el arrendador destina parte del dinero del alquiler a la compra de la vivienda. Debes tener en cuenta el precio en relación con viviendas comparables en el vecindario, las tasas, las penalizaciones, el porcentaje de tu alquiler destinado a la propiedad, el tipo de interés hipotecario, la duración de este proceso y la prueba de que el propietario es dueño de la casa (escritura/registros del condado).

6. Ubicación

La famosa pregunta en el sector inmobiliario es: ¿Cuáles son los tres factores más importantes en el sector inmobiliario? La respuesta: Ubicación, ubicación, ubicación. Lo "real" en el sector inmobiliario es la propiedad del suelo. El suelo suele ser la variable que más influye en el precio de la vivienda.

La misma casa en San Francisco (California) o Wichita (Kansas) se venderá a precios muy diferentes. La ubicación también determina el valor futuro de su casa. Además de una ubicación de lujo, lo mejor es una casa cuyo precio se revalorice en el futuro debido a la renovación urbana por parte del gobierno o a la "gentrificación", es decir, la sustitución de viviendas antiguas por otras más caras. Nuevas aceras (adoquinadas). Nuevas aceras (adoquinadas), farolas.

Consulta la oficina del secretario del condado, las agencias inmobiliarias locales y www.FinancialBananaSplit.com para conocer la reciente revalorización de los precios de la zona, desarrollo propuesto, etc.

La ubicación también influye en los aspectos de "habitabilidad" - calidad de vida - de tu casa, como la distancia, la facilidad y el coste de los desplazamientos al trabajo, los colegios, los hospitales, el transporte, el ocio, las compras, los lugares de culto, la calidad del aire, el ruido, etc.

Una visita obligada para cualquiera que esté pensando en comprar una casa es dar un paseo por el barrio seis manzanas en cada dirección desde la casa a diferentes horas del día y de la noche para hacerte una idea de dónde vas a hacer esta gran inversión de tiempo y dinero. ¿Te sentirías cómodo viviendo allí? ¿Cambiaría el barrio a mejor? ¿Peor? Imagina que conduces hasta tu casa todos los días.

7. Tipo/Condición física

Tipo de vivienda: Decida qué tipo de diseño de vivienda se ajusta mejor a sus necesidades actuales y futuras previstas, incluido el espacio para una familia en expansión o ampliada.

Los elementos incluyen:

- Superficie total

- Número de dormitorios y cuartos de baño, así como número de niveles y número de escaleras que hay que subir.
- ¿Hay sótano/ático/garaje? ¿Cuál es el tamaño del jardín? Un patio más grande equivale a impuestos y mantenimiento más elevados.
- Estado físico: Antes de comprar, es aconsejable contratar a un inspector de viviendas profesional y obtener, por escrito, un informe que detalle el estado físico total de la vivienda. La reparación de daños estructurales, moho u otros puede costar decenas de miles de dólares.
- ¿La casa está conectada al alcantarillado y al agua de la ciudad, o tiene su propio pozo y sistema séptico? ¿Cuál es el estado del pozo y del sistema séptico? ¿Necesita reparaciones?
- Pida a su inspector una estimación de los costes de la remodelación prevista.

"Sweat equity" es cuando usted mismo hace mejoras en la casa para ahorrar dinero sin contratar a profesionales. Sea realista sobre su tiempo disponible y nivel de conocimientos.

Consulte en su municipio si se necesitan permisos de electricidad, fontanería u otras reformas, así como las normas de zonificación aplicables.

8. Intención y calendario

Intención: Comprar una casa es un compromiso serio. ¿Cuál es su intención con esta compra? ¿Vivir mucho tiempo? ¿Inversión? ¿Propiedad de alquiler? ¿Espacio de trabajo?

Una regla básica: No compre una casa como residencia (y no como inversión) a menos que vaya a vivir en ella al menos cinco años.

¿Por qué? Cada vez que te mudas pagas la mudanza, los muebles, los gastos de hipoteca, decoración, jardinería, reformas, etc. Y necesitas tiempo para todo ello. Si va a comprar una casa para "darle la vuelta" con fines lucrativos o de inversión, visite www.FinancialBananaSplit.com para obtener recursos adicionales. Todas las reglas básicas de la compra de viviendas se aplican al cambio de casa: precio comparativo, calendario, ubicación, coste de renovación.

Calendario: Los grandes ciclos económicos (malo > bueno > malo) se producen aproximadamente cada 12 años. Sea consciente de en qué momento del ciclo económico nos encontramos para evitar comprar en una "burbuja" inmobiliaria, es decir, pagar demasiado por una casa debido a unas condiciones de mercado temporales poco realistas o insostenibles. "Comprar barato/vender caro" es el camino más inteligente hacia la riqueza.

¿Pistas? Hipotecas concedidas a cualquiera, incluso con mal crédito y sin requisitos de pago inicial. Las burbujas inmobiliarias también incluyen que no haya suficientes casas a la venta para satisfacer la demanda de los compradores. Esto provoca guerras de ofertas por casas por encima del precio de venta.

Si las casas del barrio que está considerando han subido de precio un 50% o más en los últimos cinco años, hable con los propietarios para determinar si hay alguna razón realista para este espectacular aumento de precios. Si no la hay y la caída parece inevitable, sea inteligente y espere. Recuerde la regla clásica: comprar barato, vender caro.

Pagar demasiado por una vivienda debido a las condiciones del mercado, a costosas reparaciones imprevistas o a cualquier otro motivo puede convertirse rápidamente en un problema su Sueño Americano en su Pesadilla Americana. Estadísticas y tendencias de la vivienda: www.nar.realtor.

Segundo ingrediente - Conclusión

Ser propietario de una vivienda le da derecho a decir: "No hay lugar como mi casa". Trabaje para ser propietario de una vivienda propia, de forma inteligente, comprendiendo y aplicando la información presentada en este Ingrediente.

Segundo ingrediente: Puntos principales de

1. Ser propietario de una vivienda -sin hipoteca- es una parte importante del Sueño Americano.
2. Los bienes inmuebles se revalorizan con el tiempo = creación de riqueza sin otro empleo.
3. La propiedad inmobiliaria puede ser un activo con el que obtener préstamos o una fuente de ingresos adicional en forma de rentas de alquiler.
4. Una hipoteca es el tipo de préstamo utilizado para comprar bienes inmuebles.
5. El camino financiero "Step-up" hacia la vivienda en propiedad: Ahorrar para comprar una parte de una casa en régimen de colaboración > Vivir en esta casa > Vender su parte para obtener un beneficio > Utilizar su beneficio como pago inicial para comprar su propia casa.
6. Aspectos básicos de la compra de vivienda: Derechos y obligaciones legales - beneficios de la inversión - qué puede permitirse: gastos mensuales totales - riesgos - mejor hipoteca (fija a 30 años) - ubicación para aumentar el valor - estado físico de la propiedad - momento (comprar barato/vender caro) - intención: residencia o inversión.
7. Pago mensual de 100.000 dólares de hipoteca a tipo fijo a 30 años

Tipo de interés	Pago mensual
4%	$477.00
5%	$537.00
6%	$600.00
7%	$665.00

* Sólo capital e intereses. Excluye impuestos, seguros, comisiones bancarias y PMI (Pvt. Mtg. Ins. si >20% de pago inicial).

3

Ingrediente tres: Préstamos, créditos y deudas

Los préstamos, el crédito y las deudas son el helado del banana split. Las formas de utilizar el dinero son tan numerosas como los sabores de los helados.

"Cuidado con los pequeños gastos, una pequeña fuga hundirá un gran barco".

(Benjamin Franklin, estadista estadounidense, siglo XVIII)

Si sus gastos de crédito nunca se pagan por completo, pueden convertirse en una deuda inmanejable que le destroce la vida a medida que se acumulan los intereses y las penalizaciones. Evite esta situación. Utiliza los préstamos, el crédito y la deuda en tu beneficio financiero comprendiendo qué son, cómo funcionan y cuál es la mejor forma de gestionarlos. Los préstamos estudiantiles son un gran problema para muchos.

Más adelante en el libro explico cómo saldar gran parte de esta deuda utilizando el capital de su vivienda.

Conceptos básicos de los préstamos - Definiciones

Una de las mejores formas de mantener las deudas bajo control es entender cómo funciona su préstamo. Esto incluye la deuda de las tarjetas de crédito y cuánto cuesta realmente devolver el dinero que te han prestado.

A continuación se explican las definiciones de los términos y documentos del préstamo: Crédito: Cantidad de dinero que estás cualificado para pedir prestada y que requiere devolución.

Deuda: Cantidad de dinero que has tomado prestada y que debes devolver. El crédito se convierte en deuda en cuanto se utiliza.

Acreedor: Prestamista al que debes dinero, como un banco, una empresa de tarjetas de crédito, etc.

Principal: Importe prestado igual al precio de compra del bien adquirido.

Interés: Cantidades que usted paga al prestamista por el uso de su dinero, normalmente expresadas como porcentaje (%) del principal (importe prestado).

Préstamo a plazos: Pagos mensuales, etc. (Mtg/automóvil).

El prestamista utiliza uno de los dos métodos para calcular los gastos por intereses:

1. **Interés simple:** Interés cobrado únicamente sobre el saldo de capital pendiente de un préstamo.
2. **Interés compuesto:** Interés cobrado sobre el saldo de capital pendiente de un préstamo más el interés cobrado sobre el interés pendiente del préstamo. La capitalización puede ser diaria, mensual, trimestral o anual. El préstamo establece la frecuencia.

El interés compuesto es más caro que el interés simple.

La diferencia de coste entre los préstamos a interés simple y compuesto se ilustra del siguiente modo:

Ejemplo: Importe del préstamo: 30.000 $/tipo de interés establecido: 6%/ duración del préstamo: 20 años. Préstamo a interés simple - Coste total de los intereses: 21.583 $ Préstamo a interés compuesto - Coste total de los intereses: 28.002 $.

El préstamo a interés compuesto cuesta 6.419 $ más a lo largo de la vida del préstamo que el préstamo a interés simple, aunque ambos préstamos tengan el mismo tipo de interés declarado y la misma duración.

El tipo de interés "declarado" es el tipo de interés puro. No tiene en cuenta las comisiones, los gastos ni el interés compuesto.

Los costes totales del préstamo (intereses, comisiones, etc.) deben figurar en la declaración de préstamo, de conformidad con la T.I.L.A. www.consumerfinance.gov.

- **TAE** (tasa anual equivalente): Todos los costes de un préstamo, incluidas las comisiones, los gastos por intereses compuestos y otros cargos, se convierten en un tipo de interés simple conocido como TAE. Esto facilita la comparación de los costes reales de varios préstamos. En el ejemplo anterior, los dos préstamos se ofrecieron al tipo de interés declarado del 6%, pero debido a la característica de interés compuesto del segundo préstamo, su TAE habría sido del 8% en la Declaración de Información del Préstamo.
- **Declaración de divulgación del préstamo:** Un prestamista debe revelar todos los costes y características de un préstamo en una Declaración de Divulgación de Préstamos, de acuerdo con la ley federal. En ella se detalla el importe del préstamo, el

tipo de interés -incluida la TAE-, la duración del préstamo, la frecuencia y el importe de los pagos, el cálculo de los intereses -simples o compuestos-, el coste total de los intereses durante la vida del préstamo, las comisiones, los costes y las penalizaciones, y cómo se activan. Lee, comprende y firma sólo si puedes hacer frente a todos los pagos. El impago de un préstamo puede dañar gravemente su crédito. Un crédito dañado le impide obtener préstamos, tarjetas de crédito, una hipoteca, alquilar un apartamento e incluso un empleo. FinancialBananaSplit.com para la muestra de Declaración de Divulgación de Préstamo.

- **Deuda garantizada: es** cuando se pignora una propiedad como "garantía" (seguridad) para obtener un préstamo. Si no devuelves el préstamo, el prestamista puede recuperar la garantía. Suele asociarse a una hipoteca (préstamo hipotecario) o a un préstamo para la compra de un coche, que son activos (cosas de valor).
- **Deuda sin garantía:** Es cuando no se pignora ninguna propiedad para obtener un préstamo. Si no devuelve el préstamo, el prestamista puede demandarle, provocando la quiebra. Esto es habitual con las deudas de tarjetas de crédito. Una tarjeta de crédito es en realidad una tarjeta de deuda: Le presta dinero con intereses. El crédito utilizado se convierte en tu deuda.

Crédito

Su crédito en el mundo financiero es su reputación, su confianza. Se ve afectada, en lo bueno y en lo malo, por sus acciones o dañada por las acciones de otros, más comúnmente el robo de identidad.

Veamos cada uno de ellos con más detalle.

Sus acciones

Acciones positivas que afectan a su crédito:

- Pagar las facturas a tiempo, evitando recargos por demora y sanciones.
- No utilizar más del 30% del límite de crédito de cualquier tarjeta de crédito de forma rutinaria.
- Utilizar una tarjeta de débito en lugar de una tarjeta de crédito para las compras. Así mantendrás un saldo medio mensual bajo.

Acciones negativas que afectan a su crédito:

- No pagar las facturas a tiempo. Incurrir en recargos y sanciones por demora.
- No devolver un préstamo (impago).
- Declararse en quiebra ante un tribunal.
- Utilizar habitualmente más del 30% del límite de crédito de cualquier tarjeta de crédito.

Debe equilibrar las ofertas de tarjetas de crédito (devolución de efectivo/puntos/0 intereses) con su capacidad para pagar íntegra y puntualmente las nuevas deudas de tarjetas de crédito.

Historia real - Tarjeta de crédito

Pregunté a mi banco si podían aumentar el límite de mi tarjeta de crédito. Me denegaron la solicitud porque mi puntuación FICO era inferior a 740. Me quedé de piedra. Pensé que como mantenía saldos altos en varias cuentas de mi banco conseguiría fácilmente que aprobaran mi solicitud de crédito. NO: tu calificación crediticia es independiente de tu patrimonio neto.

Entonces utilicé las técnicas de obtención de créditos presentadas en este libro:

a) Utilicé mi tarjeta de débito para las compras en lugar de mi tarjeta de crédito. b) Solicité mi información crediticia a las 3 agencias de crédito y vi que había un cargo recurrente de un préstamo antiguo y pequeño. Lo cancelé. c) Había un cargo recurrente en mi tarjeta de crédito por un servicio que ya no utilizaba, así que lo cancelé. Mi nueva puntuación FICO es de 823 y mi límite de crédito ha aumentado automáticamente.

No necesitaba más crédito, ¡necesitaba ser más inteligente con el que tenía!

Saldo de la tarjeta de crédito Transferencias

Una técnica que puede ser útil para reducir sus gastos por intereses es transferir la deuda actual de su tarjeta de crédito con intereses altos a una nueva tarjeta de crédito con un tipo de interés inicial del 0%. Tenga cuidado de no añadir nuevos cargos a su nueva tarjeta de crédito. Y redúzcala sustancialmente antes de que finalice el tipo de interés inicial del 0% (¿6 meses?) en su nueva tarjeta de crédito.

Identidad Robo

Su identidad financiera puede ser atacada y robada por delincuentes que utilizan su crédito para hacer compras no autorizadas. Esto perjudica su crédito y su vida. Siga estos pasos para vigilar, prevenir y reparar el robo de identidad:

- No facilite nunca su número de la Seguridad Social a nadie en Internet ni a ninguna otra persona, a menos que se pueda verificar y se confíe en ellos y que el uso que hagan de su número de la Seguridad Social se limite a un fin específico, por escrito.

- Destruya todos los documentos con información financiera personal antes de deshacerse de ellos.
- No abras ni hagas clic en enlaces o archivos de Internet a menos que confíes en la fuente.
- La ley federal le permite revisar gratuitamente sus informes de crédito de cada una de las tres agencias de informes de crédito, Experian, Equifax y Transunion, una vez al año.

Utilice estos servicios para verificar los importes y la situación actual (importes pendientes, fecha de vencimiento del pago, etc.) de todas las deudas, incluidas tarjetas de crédito, préstamos para automóviles, hipotecas, etc.

En FinancialBananaSplit.com y Annualcreditreport.com encontrará sitios de comprobación de crédito gratuitos y enlaces a servicios de control de crédito que le ayudarán a evitar ser víctima de un fraude crediticio.

Si detectas problemas, toma medidas para resolverlos inmediatamente. Ponte en contacto con la entidad emisora de la tarjeta de crédito u otra deuda, con tu banco, etc. Aborda el problema con los documentos pertinentes (véase más abajo):

Si le han robado la identidad, siga estos pasos:

1. Ponga una alerta de fraude en su tarjeta de crédito llamando al: (800) 685-1111. Así evitará que se hagan más cargos en su tarjeta de crédito.
2. Presente una denuncia en la comisaría de policía de su localidad.
3. Crear un informe de robo de identidad: www.consumer.ftc.gov/topics/ repairingidentity-theft.com.
4. Póngase en contacto con los departamentos de fraude de todas las empresas, tarjetas de crédito y bancos afectados utilizando los informes anteriores. Pida a su banco que emita una orden de suspensión de pago si pagó con cheque (¿con cargo?).

Su puntuación de crédito: FICO

Su calificación crediticia se basa en su puntuación "FICO", un número de 300 a 850. Como resultado directo de tu puntuación FICO, tu coste de financiación (pedir dinero prestado) puede variar enormemente.

Ejemplo: A continuación se ilustra un préstamo de 20.000 $ para un coche a 48 meses utilizando diferentes puntuaciones de crédito y sus costes:

FICO Puntuación	Crédito Calificación	Interés Calificación	Mensual-mente Pago	Interés Gastos	Total Coste
720-850	Excelente	3%	$442.69	$1248.95	$21,248.95
690-719	Gran	4%	$451.56	$1675.89	$21,675.89
670-689	Muy bueno	5%	$460.59	$2108.17	$22,108.12
650-669	Bueno	7%	$478.92	$2988.39	$22,988.12
630-649	Justo	10%	$507.25	$4348.08	$24,348.08
610-629	Pobre	12%	$526.68	$5280.48	$25,280.48
580-609	Muy deficiente	15%	$556.61	$6717.52	$26,717.52

La diferencia en el coste del coche entre una calificación crediticia "Excelente" y una "Muy deficiente" es de más de cinco mil dólares.

Su calificación crediticia afecta a los tipos de interés y a su capacidad para acceder a una hipoteca o a tarjetas de crédito, e incluso puede repercutir negativamente en su capacidad para alquilar una vivienda o conseguir un empleo.

Compruebe gratuitamente su calificación crediticia: www.creditKarma.com.

Qué afecta a su puntuación FICO y en qué medida

1. Historial de pagos (35%): Impagos, retrasos e impagos.
2. Importes adeudados (30%): % del crédito disponible utilizado total / por tarjeta >30%.
3. Duración del historial de crédito (15%): Cuánto tiempo ha tenido crédito.
4. Combinación de créditos (10%): Tarjetas de crédito, hipoteca, préstamo de estudios, préstamo de coche, etc.
5. Nuevo crédito: (10%): # nuevas tarjetas de crédito, préstamos, tirones de crédito duro (Un tirón de crédito duro se produce cuando un acreedor potencial mira todo su historial de archivos de crédito).

Establecer el crédito

Establecer un crédito es un paso importante para crear riqueza en su camino hacia la seguridad económica. El crédito le permite obtener una hipoteca para comprar una casa, lo que, cuando se paga, reduce significativamente sus gastos de manutención y aumenta en gran medida su flujo de caja.

Existen varias formas básicas de establecer un crédito:

- Pon a tu nombre el alquiler, los servicios públicos y los servicios de Internet. Páguelos puntualmente, todos los meses. Los retrasos en los pagos reducirán su puntuación "FICO", así que manténgalos al día.
- Abra y mantenga una cuenta corriente bancaria. Esto demuestra que sabes administrar el dinero y proporciona documentación a los prestamistas. Encuentre una sin comisión por saldo mínimo.
- Obtenga una tarjeta de crédito de una entidad financiera, como

VISA/ Discover/MasterCard. Puedes elegir un límite de crédito "estándar", en el que el banco fijará tu límite en función de tu puntuación FICO y tus ingresos. O puede elegir un límite "garantizado", en el que usted hace un depósito a su banco. Su límite de crédito es esta cantidad.

Control de la deuda

Una vez establecido el crédito, he aquí cómo no endeudarse:

- Haz un presupuesto mensual para conocer tu flujo de caja. (Véase Ingrediente uno: tesorería y banca).
- No cobres más de lo que puedas devolver cada mes.
- Trate su tarjeta de crédito como si fuera dinero en efectivo: Establece una deducción automática de tu cuenta corriente para pagar cada mes el importe total de todos los cargos de tu tarjeta de crédito.
- Puede utilizar una tarjeta de crédito tan sólo una vez cada tres meses para compras por valor de 20 dólares. Esto mantendrá o incluso aumentará su puntuación FICO. Es mejor limitar su uso a emergencias que no sean el pequeño cargo para mantenerla. Conozca el tipo de interés, las penalizaciones y las comisiones de su tarjeta de crédito tal y como figuran en el contrato de la tarjeta, que es un contrato.
- Compruebe todos los meses la exactitud de los extractos bancarios y de las tarjetas de crédito, incluidas las compras que no ha realizado, las comisiones, los intereses y los recargos.
- Obtén una tarjeta de débito de tu banco al mismo tiempo que obtienes una tarjeta de crédito. Con una tarjeta de débito, el dinero se deduce directamente de tu cuenta corriente, igual

que si pagaras en efectivo, en lugar de ir a parar al saldo de tu tarjeta de crédito. Esto evita que se acumulen los intereses, así como las penalizaciones y los recargos por demora si no pagas todos los meses el total de tu(s) tarjeta(s) de crédito.

- Pague las facturas puntualmente para evitar recargos por demora y sanciones que reducirán su calificación crediticia. Establezca con su banco un sistema automático de pago mensual de facturas periódicas (alquiler, servicios, préstamos, etc.). Asegúrate de tener suficiente dinero en tu cuenta corriente en todo momento para cubrir estas retiradas. Pide a tu banco una aplicación para consultar los saldos desde el móvil.
- No supere el 30% de los límites de las tarjetas de crédito con regularidad.
- No contraer nuevas deudas es la opción más inteligente para tu salud financiera.
- Los programas de devolución de dinero, recompensas y puntos gratis son un incentivo tentador para abrir varias cuentas de tarjeta de crédito. Hágalo sólo si puede pagar cada tarjeta de crédito todos los meses, no utilizar más del 30% de su crédito permitido en ninguna tarjeta, disponer de mucho dinero extra para pagar todas las deudas si pierde su trabajo y asegurarse de que su puntuación crediticia nunca desciende por debajo de 670. Entonces podrías arriesgarte a tener varias tarjetas de crédito.

Pagar y no endeudarse es la fórmula para un futuro financiero próspero.

Una deuda elevada se traduce en una puntuación FICO más baja y unos costes de préstamo más elevados. Esto podría significar la diferencia entre tener derecho a una hipoteca o no y tener que declararse en quiebra debido a una deuda insalvable.

Dos métodos para reducir la carga de la deuda

Ambos métodos te sacan de deudas. El método "inteligente" puede ser mejor si tienes un préstamo con un interés superior al 10%, que es muy costoso.

Método de pago rápido

- Haz una lista de todas las deudas y sus importes, las más pequeñas arriba y las más grandes abajo.
- Pague la cantidad mínima adeudada en todas las deudas.
- Utiliza el dinero sobrante para pagar primero la deuda más pequeña.
- Cuando hayas saldado la deuda más pequeña, haz lo mismo con la siguiente de la lista hasta saldarla, y así sucesivamente, hasta terminar.
- No acumules nuevas deudas hasta que termines tu lista. No contraer nuevas deudas es la opción más inteligente para tu salud financiera.

Método de pago inteligente

- Haz una lista de todas las deudas con sus tipos de interés, el más alto arriba y el más bajo abajo.
- Paga el mínimo exigible de todas las deudas.
- Utiliza el dinero sobrante para pagar primero la deuda con el tipo de interés más alto.
- Cuando hayas saldado esa, haz lo mismo con la siguiente deuda de tu lista hasta que esté saldada, y así sucesivamente, hasta terminar.
- No acumules nuevas deudas hasta que termines tu lista. No contraer nuevas deudas es la opción más inteligente para tu salud financiera.

Consolidación de deudas

Esta técnica combina varios préstamos en uno solo, con intereses más bajos y cuotas mensuales más bajas. Normalmente se exige una garantía. Estos préstamos suelen ser para una segunda hipoteca o una línea de crédito hipotecario. Si incumple el pago de este préstamo, pone su casa en riesgo de ejecución hipotecaria. En primer lugar, póngase en contacto con sus acreedores para ver si están dispuestos a colaborar con usted.

No acumules nuevas deudas hasta que pagues este préstamo. No contraer nuevas deudas es la opción más inteligente para tu salud financiera.

Visite www.FinancialBananaSplit.com para consultar los sitios web de los prestamistas.

Asesoramiento crediticio

Estos servicios ofrecen planes personalizados para salir de deudas, incluida la planificación presupuestaria. Trabajan con tus acreedores para intentar ampliar/perdonar/reescribir toda o parte de tu deuda a una cantidad mensual más baja que puedas llegar a pagar.

También puede llamar primero a los distintos acreedores para ver si están dispuestos a colaborar con usted. www.FinancialBananaSplit.com para obtener servicios de asesoramiento crediticio. Esta lista sólo incluye organizaciones gratuitas sin ánimo de lucro.

Préstamos para estudiantes/ Préstamo hipotecario

Abogo por la propiedad de la vivienda porque el "efectivo libre" (debido al aumento del valor de tu casa) puede aliviar la carga de la deuda de la siguiente manera:

- El saldo medio de los préstamos estudiantiles es de 30.000 dólares.
- El tipo de interés medio de esta deuda es del 6,8%.
- El tipo de interés actual de un préstamo con garantía hipotecaria es del 4,75%, mucho menos que el de un préstamo estudiantil.

Si su vivienda vale hoy más que cuando la compró, esa diferencia de valor puede utilizarse como garantía del préstamo para obtener un préstamo sobre el valor neto de la vivienda, es decir, una segunda hipoteca sobre su vivienda. Nota: El impago puede provocar la pérdida de la vivienda por ejecución hipotecaria.

Si utilizas los ingresos de la vivienda para pagar la deuda estudiantil, podrás hacerlo:

1. Devolver el préstamo con garantía hipotecaria en menos tiempo porque con la misma cantidad de dinero se paga más deuda debido a su menor tipo de interés.
2. Devolver el préstamo con garantía hipotecaria por mucho menos gasto en intereses que el préstamo estudiantil debido a su tipo de interés más bajo.

Ejemplo: Préstamo estudiantil de 30.000 $/tipo de interés del 6,8% durante 20 años. Pago mensual 229 $. Gasto total en intereses = 24.960 $. Préstamo sobre el capital de la vivienda 30.000 $/tipo de interés 4,75% durante 20 años. Pago mensual 192 $. Gasto total por intereses = 16.134 $.

La diferencia en costes por intereses de 8.826 dólares entre estos dos tipos de préstamos es enorme. Importes totales de amortización: préstamo para estudiantes 54.960 $ frente a préstamo sobre el capital de la vivienda 46.134 $. ¿Por qué pagar más por lo mismo?

Merece la pena conseguir y mantenerse en el camino hacia el Sueño Americano. En otras palabras: Consigue que seas propietario de una vivienda.

Si no puede aprovechar un préstamo con garantía hipotecaria para pagar su préstamo estudiantil, considere otras opciones y pregunte a su prestamista sobre indulgencia de morosidad y aplazamiento. Estas opciones te permiten aplazar los pagos del préstamo: el aplazamiento, sin devengar intereses, y la indulgencia de morosidad, sin dejar de devengar intereses. Un trabajo durante la universidad te permite pagar la deuda estudiantil a medida que se produce.

Pagar la universidad: Préstamos, becas, etc.

Hay muchas formas de pagar la universidad: Un trabajo/ El servicio militar / Préstamos y becas estudiantiles / Programas de trabajo y estudio, etc. Y hay asesoramiento disponible. La oficina de ayuda al estudiante de la universidad que estás considerando debería ser un recurso valioso. El gobierno federal administra el mayor programa de préstamos estudiantiles: Ayuda Federal al Estudiante. Contacto: www.studentaid.gov (chat en directo y correo electrónico disponibles en el sitio web). Teléfono: (800) 433-3244. Habla en directo con un asesor.

Historia real - Trabajo universitario

Mis padres y mis abuelos pudieron pagarme la matrícula, pero el dinero que me sobraba me lo tenía que ganar yo.

Conseguí trabajo como repartidora en una floristería local cerca de mi colegio en Washington, DC. A ella acudían muchos políticos destacados y gente adinerada de la zona de la capital.

Como era el repartidor habitual, tuve la oportunidad de ver el interior de muchas mansiones, incluida una en la que el ex Secretario de Estado Henry Kissinger sería invitado a cenar. También entregué flores en el tristemente célebre hotel Watergate, donde agentes republicanos, supuestamente con el conocimiento del entonces presidente Nixon, irrumpieron en la sede de la campaña de los demócratas para robar información (dos años antes de mi época).

Este incidente se representó en una famosa película cuando el protagonista ve linternas moviéndose en el interior de una habitación de hotel de Washington DC y llama a recepción para investigar.

Mis mejores recuerdos de entregas eran cuando entraba en la sala de espera de un hospital con un enorme ramo de flores (destinado a un paciente VIP), y todo el mundo (pacientes, personal, visitantes) se iluminaba como fuegos artificiales del 4 de julio.

Moraleja: Esfuérzate por conseguir la independencia financiera, márcate un patrón ahora. Nunca se sabe qué aventuras y recuerdos positivos nos esperan.

Carga de la deuda: Imposible

Ocurren cosas malas cuando no puedes pagar las deudas. Puede convertir tu vida en un espectáculo de terror cuando no puedes obtener tarjetas de crédito, préstamos para coches, préstamos estudiantiles o comprar una casa. También te pueden rechazar para trabajos, alquileres de apartamentos, servicios públicos, teléfonos móviles e incluso citas. Sí, es posible que una cita te pida ver tu puntuación de crédito en el teléfono antes de comprometerse a una relación más seria.

Un mal crédito que requiere acciones legales le dice al mundo que eres un perdedor. No sea un perdedor. Aprenda estas técnicas para evitar Loserville. Para evitar que ocurran cosas malas, se trata de ser consciente de tu flujo de caja: entradas frente a salidas. Esto significa no gastar más de lo que ingresas cada mes.

¿Cuáles son los mayores gastos de su vida?

¿Préstamos para estudiantes? ¿Tecnología? ¿Deudas? ¿Ropa? ¿Entretenimiento? ¿Quieres otro tatuaje? Háztelo el primer día que te mudes a tu propia casa. A eso no se opondrán ni tus padres. ¿Tú eres el padre? ¿Quieres jubilarte pero aún no puedes? Ambos lo necesitáis:

1. Completa tu presupuesto mensual en la página 17.
2. Siga el camino de este libro hacia el Sueño Americano.

Lo malo de las finanzas

Agencias de cobro

Las agencias de cobro son contratadas por los acreedores para cobrar deudas. Informan de su progreso/estado a las agencias de crédito. El impago puede provocar una disminución de su puntuación FICO y una mala calificación crediticia.

Si una agencia de cobros se pone en contacto contigo, sigue estos pasos:

- Pida a la agencia de cobros que le envíe pruebas escritas de todas las deudas.
- Escríbales una carta de "cese y desista" y envíela por correo certificado. Esto pone fin al derecho de la agencia de cobros a seguir poniéndose en contacto con usted por la misma deuda, aunque pueden continuar con otras acciones: informes FICO, acciones legales, embargo de nómina, etc.

(Véase el ejemplo de carta: www.FinancialBananaSplit.com). Verifica tus deudas poniéndote en contacto con tus acreedores y poniéndote de acuerdo para saldarlas lo antes posible.

Quiebra

La quiebra es un proceso legal presentado por usted o en su nombre ante un tribunal para ofrecerle protección frente a los acreedores mientras planifica y liquida (o hace liquidar) las deudas impagables.

Las dos formas más comunes de quiebra personal son:

- Quiebra del capítulo 7: Liquidación de activos para saldar definitivamente las deudas. Activos a vender: Casa, coche, barco, joyas, ahorros, etc. Deudas que no se pueden cancelar: Impuestos, hipotecas, préstamos estudiantiles, pensión alimenticia, manutención de los hijos y facturas médicas. Una vez que una deuda se descarga a través del Capítulo 7, se ha ido para siempre.
- Quiebra del capítulo 13: Reorganización y reembolso. Usted está obligado a hacer los pagos ordenados por el tribunal a los acreedores. La venta de activos es opcional. El tribunal decide el calendario de pagos.

La quiebra dificulta el restablecimiento del crédito completo durante siete años. Para solucionarlo, lea Cómo establecer el crédito, en la página 56. Usted puede declararse en bancarrota usando un abogado, un preparador de peticiones de bancarrota que no sea abogado, o un software de bancarrota. Estos servicios tienen diferentes costos y niveles de precisión. Póngase en contacto con el secretario del condado, la asociación estatal de abogados (BAR) o www.FinancialBananaSplit.com para obtener recursos.

Ejecución hipotecaria

Ejecución hipotecaria es un proceso legal por el que se pierde la vivienda por no poder pagar la hipoteca.

- Se le ordena desalojar su vivienda (notificación al sheriff).
- Se cancelan todas las tarjetas de crédito.

- Puede restablecer su crédito siguiendo Establecimiento del crédito, más arriba. Las hipotecas tardan 7 años en recalificarse.

Tercer ingrediente - Conclusión

Puedes seguir el camino hacia el Sueño Americano si entiendes el flujo de caja, sigues tu presupuesto y utilizas los préstamos/créditos/deuda para fortalecer, no debilitar, tu vida financiera.

Ingrediente tres: Puntos principales

1. Los créditos impagados son insostenibles: intereses, penalizaciones, comisiones.
2. Préstamos, créditos y deudas: Entender cómo funcionan y cómo conseguir utilizarlos en su beneficio financiero: hipoteca para casa: mejor crédito = menores costes de préstamo.
3. Definiciones: Crédito=cantidad que reúne los requisitos para obtener un préstamo/Deuda=exigencia de reembolso/Credor=a quién debe/Principal=cantidad prestada inicialmente/Interés=coste añadido al principal/TAP=porcentaje anual del préstamo/Una deuda garantizada exige una garantía (activo) que puede perder/ El interés compuesto es más costoso que el interés simple/Declaración de información sobre el préstamo = requisitos legales del prestamista.
4. Puntuación FICO= calificación crediticia: 300>850 = de pobre a excelente. 760+ es el objetivo.
5. La ley federal le permite revisar gratuitamente sus informes de crédito de cada agencia de informes de crédito: Experian, Equifax y Transunion, una vez al año: www.Annualcreditreport.com

6. Comunique inmediatamente los errores de crédito/robo a la compañía de la tarjeta de crédito o al banco.
7. Establecer crédito: servicios públicos, alquiler, cuenta bancaria a tu nombre. Pagar puntualmente.
8. Futuro financiero próspero = Pagar puntualmente/utilizar el 30% como máximo del límite de la(s) tarjeta(s) de crédito.
9. Métodos de pago de deudas: Pagar las cantidades mínimas cada mes. Rápido=primera deuda más pequeña/Inteligente=primera deuda con los intereses más altos/Asesoramiento crediticio le ayuda a organizar el pago de la deuda-quizá a reducir/Consolidación de deudas =pequeñas deudas reunidas en una deuda mayor: pago mensual más bajo.
10. Agencias de cobro/Quiebra-2 tipos/Ejecución hipotecaria

4

Cuarto ingrediente: Evitar las minas financieras

Evitar las Minas Financieras son los toppings del banana split, que cubren otros Ingredientes y afectan a su sabor general.

Es necesario incluir ciertos aspectos básicos en su planificación financiera para evitar pagar costes legales imprevistos, tasas, sanciones, prisión, etc.

Proteja su dinero siguiendo las directrices que se exponen a continuación en materia de impuestos sobre la renta, contratos, seguros, tramitación de documentos y planificación patrimonial.

Impuestos sobre la renta

"En este mundo nada es seguro excepto la muerte y los impuestos".

(Benjamin Franklin, estadista estadounidense, 1789)

Los impuestos sobre la renta son los únicos que tiene que calcular activamente cada año. Una vez hecho, pagará menos impuestos o recibirá un reembolso mayor por los impuestos pagados que si no hubiera hecho el esfuerzo. Ignorarlo puede acarrearle el embargo de bienes, la quiebra, mal crédito e incluso la cárcel por fraude.

Puede minimizar sus impuestos y no meterse en líos siguiendo estos consejos básicos sobre el impuesto sobre la renta.

Presentación de la declaración anual del impuesto federal sobre la renta

Todos los contribuyentes individuales/casados declaran sus Impuestos Federales sobre la Renta utilizando el Formulario 1040. Sin embargo, existen formularios y documentos adicionales que deben presentarse junto con el formulario 1040 para reflejar con exactitud sus ingresos imponibles totales y las deducciones permitidas (según corresponda).

Formularios comunes utilizados para preparar su declaración de impuestos federales 1040

Identificación

1. Nombre/dirección/SS#.
2. Documento de identidad válido expedido por el gobierno.
3. 1040 del año anterior, si se presentó.

Documentos justificativos de ingresos

1. W-2: Sueldos y salarios.
2. 1099 NT: Ingresos por intereses.
3. 1099 DIV: Ingresos por dividendos.
4. 1099 MISC: Rentas del trabajo autónomo.
5. 1099 G: Pagos del gobierno a usted.
6. SSA-1099: Prestaciones de la Seguridad Social.
7. Anexo K-1: Ingresos/pérdidas de la sociedad colectiva.

Documentos justificativos de la deducción

1. 1098: Intereses hipotecarios.
2. 1098-E: Intereses de préstamos estudiantiles.
3. 1098-T: Matrícula.
4. 1095: Cobertura sanitaria.
5. Recibos de donaciones benéficas.
6. Aportaciones a Planes de Jubilación-no IRA.
7. Gastos de guardería con número de Seguro Social del cuidador.
8. Ingresos/gastos autónomos-oficina en casa, seguro médico, suministros, gastos.
9. Gastos de traslado a un nuevo trabajo.

NOTA: Los formularios W-2/1095/1098/1099/K-1/se envían por correo cada año antes del 31 de enero para incluirlos en la declaración de la renta.

Ejemplo que ilustra el ahorro fiscal al tener y utilizar deducciones fiscales

Sin deducciones = mayor deuda tributaria

Ingresos brutos: 55.000

Menos Deducción Estándar: $12.950

Ingreso Bruto Ajustado: $42.250

Tasa para este tramo impositivo: 22%.

Total de la deuda tributaria 1040: **9,295 $**

Deducciones = Menor cuota tributaria

Ingresos brutos: 55.000

Menos Deducción Estándar: $12.950

Menos Contribución a la Pensión: $5.000

Menos intereses de préstamos estudiantiles: $3,000

Ingreso bruto ajustado: $35,950

Tipo para este tramo impositivo 12% Total 1040 Obligación tributaria: **4.314 $**

Por encima, tener y utilizar deducciones fiscales ahorró 4.981 dólares en impuestos adeudados. Esto casi equivale a la totalidad de la contribución a la pensión de 5.000 dólares. Las deducciones se calculan y se introducen en la lista apropiada del IRS y se presentan con su 1040. Los horarios más utilizados 1040 incluyen: Anexo A: Deducciones detalladas / B: Intereses y dividendos ordinarios / C: Beneficios/pérdidas de la empresa / D: Ganancias y pérdidas de capital / R: Crédito para personas mayores o discapacitadas, etc.

Puede presentar su declaración 1040 - junto con su declaración de la renta estatal si así lo exige su estado-1. Por correo (el trámite más lento) 1. Por correo (tramitación más lenta) 2. E-file on-line 3. Utilice un programa informático de preparación de impuestos. Haga el trabajo usted mismo o pague a un preparador de impuestos. Los reembolsos son más lentos por correo, más rápidos con la presentación electrónica. Asistencia gubernamental gratuita: irs.gov > Ayuda > Presentar una declaración / Teléfono (800) 829 - 1040. Consulte la sección Conservación de documentos para saber qué documentos debe conservar y durante cuánto tiempo para justificar la declaración de impuestos. El gobierno federal puede auditarle durante los tres años siguientes a la presentación de la declaración de la renta, y para siempre en caso de fraude.

Declaración anual de la renta

La mayoría de los estados aplican el impuesto sobre la renta a los ingresos salariales, por inversiones o por intereses de los residentes. En estos estados los residentes deben presentar un declaración de la renta con el estado y otra con su declaración de la renta federal (1040). Los tipos varían del 1% (GA) > 13,3% (CA). Los estados sin impuesto estatal sobre la renta son: AK/FL/NV/NH/SD/TN/TX/WA/WY. Póngase en contacto o en línea con el departamento de impuestos de su estado para obtener los formularios e instrucciones adecuados. Algunas ciudades (NYC) y condados también imponen un impuesto sobre la renta a sus residentes. Póngase en contacto o en línea con su ciudad / condado para verificar la situación fiscal de sus ingresos del trabajo / inversión.

Impuesto sobre la renta - Definiciones básicas

Conozca estas definiciones básicas para entender los impuestos sobre la renta:

Impuesto sobre la renta - Impuesto sobre tus ingresos recaudado por un gobierno (federal/estatal/ciudad). Ejemplo: El IRS (Internal Revenue Service) recauda anualmente el impuesto federal sobre la renta.

Tasa del impuesto sobre la renta - Porcentaje de los ingresos utilizado para calcular los impuestos sobre la renta adeudados.

Ganancias imponibles - Ingresos procedentes de trabajos, propinas, inversiones, alquileres, regalos, etc. (se aplican determinadas exclusiones).

Contribuyente - Residente en Estados Unidos que gana más de 10.300 $ anuales (sujeto a cambios).

Deducción del impuesto sobre la renta - Cantidad deducida de los ingresos para reducir los impuestos adeudados. Ejemplos: Contribución a la pensión, intereses de préstamos estudiantiles, impuestos sobre la propiedad, intereses hipotecarios, etc.

Crédito fiscal - Importe que se deduce de la cuota tributaria total y que reduce los impuestos adeudados. Ejemplos: Crédito fiscal por ingresos del trabajo, paneles solares para la casa, cuidado de hijos y dependientes, aprendizaje permanente, oportunidad americana (universidad), etc.

Exención fiscal personal - Cantidad permitida por Hacienda, deducida de los ingresos, que reduce los impuestos adeudados. Ejemplo: La Deducción Estándar (2022) para contribuyentes solteros es de 12.950 $.

Declaración de impuestos - Presentar su declaración de impuestos al gobierno.

Plazo de presentación - Fecha de vencimiento de la declaración de la renta. Ejemplo: Las declaraciones federales vencen cada 15 de abril para las personas físicas.

Año fiscal: Año por el que se deben pagar los impuestos. Ejemplo: El año natural para las personas físicas es de enero a diciembre.

Documentación sobre los ingresos: Documentos que demuestren ingresos durante el año fiscal. Ejemplos: Declaración de salarios W-2, intereses bancarios 1099 e ingresos por inversiones.

Documentación de deducción: Documentos que demuestren gastos o pérdidas cualificados (según lo permita el IRS o el estado de residencia). Ejemplos: Facturas médicas, documentos de intereses de préstamos, recibos de beneficencia, aportaciones a pensiones, impuestos estatales sobre la renta pagados, etc.

Su nómina: Formularios/Ingresos /Retenciones/Deducciones

Formulario W-4: Documento expedido por la empresa y cumplimentado por el trabajador. El empresario lo utiliza para calcular y deducir los impuestos de su nómina. Más deducciones =

menos impuestos = más sueldo neto. Ej: Casado o soltero/ nº de dependientes/ ingresos de otros trabajos, etc. (Ver ejemplo).

Formulario W-2: Emitido anualmente por la empresa y declarado a Hacienda. Indica el salario total y los impuestos deducidos de su nómina. Se presenta junto con la declaración de la renta.

Talón de pago: Un documento de nómina en el que se anotan: Ganancias brutas/netas, tasa de pago/periodo, deducciones e información de identificación. (Ver ejemplo).

Salario bruto: Importe total devengado por un periodo de nómina.

Salario neto: Salario bruto menos todas las retenciones y deducciones.

Retenciones: Retenciones gubernamentales: impuestos federales + estatales sobre la renta/ FICA: Seguridad Social +Medicare/ desempleo + seguro de accidentes de trabajo. Su empleador está obligado a igualar su deducción FICA y abonarla en su cuenta federal. Puede solicitar un informe gratuito sobre el estado de su cuenta federal en: www.irs.gov.

Deducciones: Deducciones voluntarias y del tipo prestaciones a los trabajadores. Algunas deducciones son deducibles de la base imponible = menos impuestos = más sueldo neto. Por ejemplo: pensión (401K), seguro de vida, seguro médico con una franquicia elevada. El seguro de invalidez no es deducible porque se considera un ingreso.

Form **W-4**

Department of the Treasury
Internal Revenue Service

Employee's Withholding Certificate

▶ Complete Form W-4 so that your employer can withhold the correct federal income tax from your pay.
▶ Give Form W-4 to your employer.
▶ Your withholding is subject to review by the IRS.

OMB No. 1545-0074

2022

Step 1: Enter Personal Information	(a) First name and middle initial	Last name	(b) Social security number
	Address		▶ **Does your name match the name on your social security card?** If not, to ensure you get credit for your earnings, contact SSA at 800-772-1213 or go to *www.ssa.gov*.
	City or town, state, and ZIP code		

(c) ☐ **Single** or **Married filing separately**
☐ **Married filing jointly** or **Qualifying widow(er)**
☐ **Head of household** (Check only if you're unmarried and pay more than half the costs of keeping up a home for yourself and a qualifying individual.)

Complete Steps 2–4 ONLY if they apply to you; otherwise, skip to Step 5. See page 2 for more information on each step, who can claim exemption from withholding, when to use the estimator at *www.irs.gov/W4App*, and privacy.

Step 2: Multiple Jobs or Spouse Works

Complete this step if you (1) hold more than one job at a time, or (2) are married filing jointly and your spouse also works. The correct amount of withholding depends on income earned from all of these jobs.

Do **only one** of the following.

(a) Use the estimator at *www.irs.gov/W4App* for most accurate withholding for this step (and Steps 3–4); **or**

(b) Use the Multiple Jobs Worksheet on page 3 and enter the result in Step 4(c) below for roughly accurate withholding; **or**

(c) If there are only two jobs total, you may check this box. Do the same on Form W-4 for the other job. This option is accurate for jobs with similar pay; otherwise, more tax than necessary may be withheld . . ▶ ☐

TIP: To be accurate, submit a 2022 Form W-4 for all other jobs. If you (or your spouse) have self-employment income, including as an independent contractor, use the estimator.

Complete Steps 3–4(b) on Form W-4 for only ONE of these jobs. Leave those steps blank for the other jobs. (Your withholding will be most accurate if you complete Steps 3–4(b) on the Form W-4 for the highest paying job.)

Step 3: Claim Dependents

If your total income will be $200,000 or less ($400,000 or less if married filing jointly):

Multiply the number of qualifying children under age 17 by $2,000 ▶ $

Multiply the number of other dependents by $500 . . . . ▶ $

Add the amounts above and enter the total here . . . . | 3 | $

Step 4 (optional): Other Adjustments

(a) Other income (not from jobs). If you want tax withheld for other income you expect this year that won't have withholding, enter the amount of other income here. This may include interest, dividends, and retirement income . . . . | 4(a) | $

(b) Deductions. If you expect to claim deductions other than the standard deduction and want to reduce your withholding, use the Deductions Worksheet on page 3 and enter the result here . . . . | 4(b) | $

(c) Extra withholding. Enter any additional tax you want withheld each **pay period** . . | 4(c) | $

Step 5: Sign Here

Under penalties of perjury, I declare that this certificate, to the best of my knowledge and belief, is true, correct, and complete.

▶ **Employee's signature** (This form is not valid unless you sign it.) ▶ **Date**

Employers Only	Employer's name and address	First date of employment	Employer identification number (EIN)

For Privacy Act and Paperwork Reduction Act Notice, see page 3. Cat. No. 10220Q Form **W-4** (2022)

22222 VOID ☐ | a Employee's social security number | For Official Use Only ▶ OMB No. 1545-0008

b Employer identification number (EIN)	1 Wages, tips, other compensation	2 Federal income tax withheld
c Employer's name, address, and ZIP code	3 Social security wages	4 Social security tax withheld
	5 Medicare wages and tips	6 Medicare tax withheld
	7 Social security tips	8 Allocated tips
d Control number	9	10 Dependent care benefits
e Employee's first name and initial / Last name / Suff.	11 Nonqualified plans	12a See instructions for box 12
	13 Statutory employee ☐ Retirement plan ☐ Third-party sick pay ☐	12b
	14 Other	12c
		12d
f Employee's address and ZIP code		

15 State / Employer's state ID number	16 State wages, tips, etc.	17 State income tax	18 Local wages, tips, etc.	19 Local income tax	20 Locality name

Form **W-2** Wage and Tax Statement **2022**

Department of the Treasury—Internal Revenue Service
For Privacy Act and Paperwork Reduction Act Notice, see the separate instructions.
Cat. No. 10134D

Copy A—For Social Security Administration. Send this entire page with Form W-3 to the Social Security Administration; photocopies are **not** acceptable.

Do Not Cut, Fold, or Staple Forms on This Page

Pay stub (hourly)

SMITH AND COMPANY, INC.
123 West Street Smalltown, CA 98765

EMPLOYEE	SOCIAL SECURITY NO.	PAY RATE	PAY PERIOD
Johnson, Bob	XXX-XX-6789	18.00 regular 27.00 overtime	1/7/XX to 1/13/XX

EARNINGS	HOURS	AMOUNT
Regular	40.00	720.00
Overtime	2.00	54.00
GROSS EARNINGS:		774.00
TOTAL DEDUCTED:		213.29
NET EARNINGS:		560.71

DEDUCTIONS	AMOUNT
Federal W/H	60.45
FICA	47.99
Medicare	11.22
CA State W/H	10.04
CA State DI	6.19
401k	77.40

SICK LEAVE:
24.00 **HOURS AVAILABLE**

Example itemized wage statement (pay stub) for a worker paid hourly.

May 2018

Form **1040** Department of the Treasury—Internal Revenue Service (99)
U.S. Individual Income Tax Return **2021** OMB No. 1545-0074 IRS Use Only—Do not write or staple in this space.

Filing Status Check only one box. ☐ Single ☐ Married filing jointly ☐ Married filing separately (MFS) ☐ Head of household (HOH) ☐ Qualifying widow(er) (QW)

If you checked the MFS box, enter the name of your spouse. If you checked the HOH or QW box, enter the child's name if the qualifying person is a child but not your dependent ▶

Your first name and middle initial	Last name	**Your social security number**
If joint return, spouse's first name and middle initial	Last name	**Spouse's social security number**

Home address (number and street). If you have a P.O. box, see instructions.		Apt. no.	**Presidential Election Campaign** Check here if you, or your spouse if filing jointly, want $3 to go to this fund. Checking a box below will not change your tax or refund. ☐ **You** ☐ **Spouse**
City, town, or post office. If you have a foreign address, also complete spaces below.	State	ZIP code	
Foreign country name	Foreign province/state/county	Foreign postal code	

At any time during 2021, did you receive, sell, exchange, or otherwise dispose of any financial interest in any virtual currency? ☐ **Yes** ☐ **No**

Standard Deduction **Someone can claim:** ☐ You as a dependent ☐ Your spouse as a dependent
☐ Spouse itemizes on a separate return or you were a dual-status alien

Age/Blindness **You:** ☐ Were born before January 2, 1957 ☐ Are blind **Spouse:** ☐ Was born before January 2, 1957 ☐ Is blind

Dependents (see instructions):
If more than four dependents, see instructions and check here ▶ ☐

(1) First name	Last name	(2) Social security number	(3) Relationship to you	(4) ✔ if qualifies for (see instructions): Child tax credit	Credit for other dependents
				☐	☐
				☐	☐
				☐	☐
				☐	☐

Attach Sch. B if required.

Standard Deduction for—
- Single or Married filing separately, $12,550
- Married filing jointly or Qualifying widow(er), $25,100
- Head of household, $18,800
- If you checked any box under *Standard Deduction*, see instructions.

1	Wages, salaries, tips, etc. Attach Form(s) W-2				1	
2a	Tax-exempt interest	2a		b Taxable interest	2b	
3a	Qualified dividends	3a		b Ordinary dividends	3b	
4a	IRA distributions	4a		b Taxable amount	4b	
5a	Pensions and annuities	5a		b Taxable amount	5b	
6a	Social security benefits	6a		b Taxable amount	6b	
7	Capital gain or (loss). Attach Schedule D if required. If not required, check here ▶ ☐				7	
8	Other income from Schedule 1, line 10				8	
9	Add lines 1, 2b, 3b, 4b, 5b, 6b, 7, and 8. This is your **total income** ▶				9	
10	Adjustments to income from Schedule 1, line 26				10	
11	Subtract line 10 from line 9. This is your **adjusted gross income** ▶				11	
12a	**Standard deduction or itemized deductions** (from Schedule A)	12a				
b	Charitable contributions if you take the standard deduction (see instructions)	12b				
c	Add lines 12a and 12b				12c	
13	Qualified business income deduction from Form 8995 or Form 8995-A				13	
14	Add lines 12c and 13				14	
15	**Taxable income.** Subtract line 14 from line 11. If zero or less, enter -0-				15	

For Disclosure, Privacy Act, and Paperwork Reduction Act Notice, see separate instructions. Cat. No. 11320B Form **1040** (2021)

Form 1040 (2021) Page **2**

16	**Tax** (see instructions). Check if any from Form(s): **1** ☐ 8814 **2** ☐ 4972 **3** ☐ ______			16
17	Amount from Schedule 2, line 3			17
18	Add lines 16 and 17			18
19	Nonrefundable child tax credit or credit for other dependents from Schedule 8812			19
20	Amount from Schedule 3, line 8			20
21	Add lines 19 and 20			21
22	Subtract line 21 from line 18. If zero or less, enter -0-			22
23	Other taxes, including self-employment tax, from Schedule 2, line 21			23
24	Add lines 22 and 23. This is your **total tax** ▶			24
25	Federal income tax withheld from:			
a	Form(s) W-2	25a		
b	Form(s) 1099	25b		
c	Other forms (see instructions)	25c		
d	Add lines 25a through 25c			25d
26	2021 estimated tax payments and amount applied from 2020 return			26
27a	Earned income credit (EIC)	27a		
	Check here if you were born after January 1, 1998, and before January 2, 2004, and you satisfy all the other requirements for taxpayers who are at least age 18, to claim the EIC. See instructions ▶ ☐			
b	Nontaxable combat pay election	27b		
c	Prior year (2019) earned income	27c		
28	Refundable child tax credit or additional child tax credit from Schedule 8812	28		
29	American opportunity credit from Form 8863, line 8	29		
30	Recovery rebate credit. See instructions	30		
31	Amount from Schedule 3, line 15	31		
32	Add lines 27a and 28 through 31. These are your **total other payments and refundable credits** ▶			32
33	Add lines 25d, 26, and 32. These are your **total payments** ▶			33

If you have a qualifying child, attach Sch. EIC.

Refund

34	If line 33 is more than line 24, subtract line 24 from line 33. This is the amount you **overpaid**		34
35a	Amount of line 34 you want **refunded to you.** If Form 8888 is attached, check here ▶ ☐		35a
▶ b	Routing number	▶ **c** Type: ☐ Checking ☐ Savings	
▶ d	Account number		
36	Amount of line 34 you want **applied to your 2022 estimated tax** ▶	36	

Direct deposit? See instructions.

Amount You Owe

37	**Amount you owe.** Subtract line 33 from line 24. For details on how to pay, see instructions ▶		37
38	Estimated tax penalty (see instructions) ▶	38	

Third Party Designee

Do you want to allow another person to discuss this return with the IRS? See instructions ▶ ☐ **Yes.** Complete below. ☐ **No**

Designee's name ▶ Phone no. ▶ Personal identification number (PIN) ▶

Sign Here

Under penalties of perjury, I declare that I have examined this return and accompanying schedules and statements, and to the best of my knowledge and belief, they are true, correct, and complete. Declaration of preparer (other than taxpayer) is based on all information of which preparer has any knowledge.

Your signature	Date	Your occupation	If the IRS sent you an Identity Protection PIN, enter it here (see inst.) ▶
Spouse's signature. If a joint return, **both** must sign.	Date	Spouse's occupation	If the IRS sent your spouse an Identity Protection PIN, enter it here (see inst.) ▶
Phone no.	Email address		

Joint return? See instructions. Keep a copy for your records.

Paid Preparer Use Only

Preparer's name	Preparer's signature	Date	PTIN	Check if: ☐ Self-employed
Firm's name ▶			Phone no.	
Firm's address ▶			Firm's EIN ▶	

Go to *www.irs.gov/Form1040* for instructions and the latest information. Form **1040** (2021)

Consideraciones fiscales locales (no relacionadas con el impuesto sobre la renta)

Existen autoridades fiscales a nivel estatal y local que gravan diversas actividades para generar ingresos con los que mantener en funcionamiento a los gobiernos. Para los ciudadanos (impuestos no empresariales), estos impuestos suelen incluir:

1. **Impuesto(s) sobre las ventas**: Impuesto estatal que grava la mayoría de las compras, excluidos el alquiler o la compra de bienes inmuebles. Ropa, coches, electrodomésticos, servicios, utilidades, alimentos, etc.

   El tipo del impuesto sobre ventas varía según el estado, desde el 0% (OR,DE,MO,NH) hasta el 7,25% (CA). Las ciudades y pueblos suelen añadir un impuesto local al estatal. Ejemplo: Florida: 6% de impuesto estatal sobre las ventas + 1,05% de impuesto local sobre las ventas = 7,05% de impuesto total sobre las ventas.

2. **Impuesto sobre bienes inmuebles: La** mayoría de los condados recaudan (cobran) impuestos sobre el valor de una vivienda (valor de tasación o valor justo de mercado) para pagar escuelas, policía, bomberos, recogida de basuras, etc. El tipo varía mucho según el condado. La media = 1%. Ejemplo: Una casa valorada en 300.000 dólares a efectos fiscales con un impuesto del 1% sobre la propiedad pagaría 3.000 dólares al año en impuestos sobre la propiedad. Como propietario de una vivienda, suele recibir una vez al año una factura de impuestos del condado. En ella figura un desglose detallado de todos los servicios que se sufragan con los impuestos sobre la propiedad. Dispone de un mecanismo de impugnación si

cree que le han cobrado de más. Los impuestos suelen pagarse en dos plazos con seis meses de diferencia.

Contratos

Definición: Un contrato es un acuerdo entre partes para el intercambio de algo de valor que crea obligaciones mutuas exigibles por ley.

Contrato - Seis elementos jurídicos obligatorios

1. **Oferta:** Debe ofrecerse algo y establecerse los requisitos / prestaciones / obligaciones de cada parte para cumplir el contrato.
2. **Aceptación:** El destinatario puede mostrar su aceptación por escrito (firma/fecha) o verbalmente si lo permite la Ley de Fraudes. La mayoría de los tipos de contratos requieren la firma: bienes inmuebles, venta de bienes de más de 500 dólares, en consideración de matrimonio y duración superior a 1 año son los ejemplos más comunes.
3. **Contraprestación:** Debe prometerse algo de valor: un bien, una acción o un acuerdo de no acción, que las partes intercambiarán.
4. **Concienciación:** Todas las partes del contrato deben participar activamente, comprender en qué se están involucrando y ser libres de hacerlo.
5. **Capacidad:** Una persona no tendría capacidad para celebrar un contrato jurídicamente vinculante si: a) es menor de edad 2) está en estado de embriaguez 3) incapaces de comprender el lenguaje del contrato 4) están mentalmente incapacitados por algún otro motivo - demencia, etc.

6. **Legalidad:** Un contrato para un producto o acción ilegal no puede ejecutarse legalmente. Ejemplo: Un contrato de asesinato. Los diferentes estados permiten cosas diferentes si no están prohibidas por la ley federal.

Ya sea titulado un contrato, arrendamiento, préstamo, acuerdo, hipoteca, pagaré, etc., *si contiene los seis elementos jurídicos de un contrato*... **¡es un contrato!**

Los contratos son documentos jurídicamente vinculantes. Todos los firmantes del contrato están obligados a cumplir todas las cláusulas y condiciones o pagar los costes, incurrir en gastos legales o recibir una rebaja en la calificación crediticia por incumplimiento, etc.

**** LEA TODO EL CONTRATO ANTES DE FIRMARLO ****

No firme ningún contrato hasta que pueda identificar, comprender y aceptar todos los términos y condiciones.

Qué buscar en un contrato - 10 puntos

1. **El pago:** ¿Cuánto pagará o cuánto le pagarán? Mínimo, máximo, semanal, mensual, total, etc.
2. **Incumplimiento:** ¿Hay consecuencias? ¿Sanciones, cargas, obligaciones?
3. **Finalización:** ¿Termina automáticamente o se renueva? ¿Con preaviso? ¿Por quién?
4. **Duración del contrato:** ¿específica o indefinida?
5. **Rendimiento:** ¿Qué se requiere específicamente de ti y del vendedor (gimnasio, compañía telefónica, casero, alquiler de coche) que se haga?
6. **Devoluciones:** ¿Cuándo, cómo y en qué condiciones deben devolverse los artículos? ¿Penalizaciones?

7. **Cesión:** ¿Puede usted o el vendedor ceder el contrato (transferirlo a terceros)? ¿Hay gastos adicionales?
8. **Opción de compra:** ¿Está disponible? ¿Cuándo? ¿Precio, tasas, impuestos, otras condiciones?
9. **Conseguir la mejor oferta:** ¿Recibir todos los descuentos, rebajas, cupones de la competencia, canjes, etc.?
10. **El seguro:** ¿Quién paga el seguro de daños materiales y el seguro de responsabilidad civil, si es necesario?

Cómo revisar un contrato - Tres pasos

1. Empiece por el punto 1 (Pagos). Identifique en el contrato todos los términos y condiciones relacionados con los pagos.
2. Pide al vendedor que te aclare cualquier cosa que no entiendas.
3. Negocie su mejor oferta o cualquier cosa con la que no se sienta cómodo. Si no puede resolverlo, ¡no firme el contrato!
4. Haga lo mismo para los Puntos 2-10.

Historia real - Antiguo jefe

Mi antiguo jefe era un contable de la vieja escuela al que siempre se le acercaban vendedores jóvenes, inteligentes, profesionales y con labia.

Presentaron su argumento de venta de forma compleja intentando enmascarar la realidad, esperando que ella se sintiera demasiado intimidada por la falta de comprensión como para hacer preguntas y se limitara a aceptar y firmar.

Un día estaba en su despacho y fui testigo de un discurso de venta. No paraba de hacer preguntas y no entendía todas las consecuencias de comprar ese producto en concreto (dispensadores de jabón de manos).

En lugar de dejarse intimidar, sentirse estúpida o firmar el contrato, simplemente dijo: "No puedo comprar algo que no entiendo. Vuelva cuando pueda explicármelo mejor".

En otras palabras, el problema no era ella, sino el vendedor. Si él no podía explicarle algo en términos comprensibles para ella, el ignorante era él. Tú haces lo mismo. Si no puedes repetirle al vendedor exactamente qué es el producto o servicio que está vendiendo, no firmes el contrato.

Ejemplos: Un contrato y una solicitud de préstamo personal

LA EMPRESA SIMPLE CONTRACT LAWN

El presente Contrato se celebra el día de _____ por y entre: ______________ (EMPRESA), y _______________ (CLIENTE).

La duración del presente acuerdo será de un año a partir del ____ __________________ y terminando en ________________ .

Los términos específicos de este Contrato son los siguientes:

1. La empresa prestará servicios de cuidado del césped durante todo el año al cliente en su domicilio.
2. Dichos servicios incluirán el corte del césped una vez a la semana y la poda de arbustos en la zona exterior, incluyendo la recogida de todos los recortes y escombros por servicio.
3. El precio total anual por este servicio será de dólares, pagaderos en cuotas mensuales iguales de dólares al mes.
4. Los servicios adicionales solicitados por el cliente se facturarán por separado.

En consideración a las promesas mutuas establecidas en el presente documento, la Empresa se compromete a lo siguiente __________ ____

El Cliente se compromete a lo siguiente ____________________

______________________________.

El presente contrato no podrá ser modificado en modo alguno salvo por escrito y con la firma de ambas partes. El presente documento y sus anexos constituyen el acuerdo íntegro entre las Partes.

El presente Contrato será vinculante para ambas Partes, sus sucesores, herederos y cesionarios, y se ejecutará con arreglo a las leyes del Estado de ________________.

______________________________	______________________________
(Firma del cliente))	(Firma de la empresa)
______________________________	______________________________
(Nombre en letra de imprenta)	(Nombre en letra de imprenta)
FECHA: ____________________	FECHA: ____________________

SIMPLE BANK PERSONAL LOAN APPLICATION

Cada solicitud de préstamo se evalúa individualmente. No hay garantía de préstamo. Esta solicitud de préstamo no se considera completada hasta que se presenten todos los documentos justificativos solicitados.

NOMBRE DEL PRESTATARIO ________________________________

FECHA DE NACIMIENTO ________ Teléfono ________ SS ____________

DIRECCIÓN ACTUAL ____

TIEMPO EN ESTA DIRECCIÓN ________ (CIRCULAR): PROPIO ALQUILER MENSUAL

ALQUILER $ ________

SI HACE MENOS DE 3 AÑOS, INDIQUE LA(S) DIRECCIÓN(ES) ANTERIOR(ES): ____

SITUACIÓN LABORAL (MARQUE CON UN CÍRCULO): ASALARIADO/ AUTÓNOMO/ JUBILADO/OTROS (explique) ______________

NOMBRE DEL EMPLEADOR ______________

DIRECCIÓN DEL EMPLEADOR ______________

OCUPACIÓN _____ AÑOS DE EMPLEO _____ SI MENOS DE 3 AÑOS INDIQUE OTRO EMPLEO O FUENTE DE INGRESOS: ______________

____

LISTA DE COMPROBACIÓN DE LA DOCUMENTACIÓN JUSTIFICATIVA

1. IDENTIFICACIÓN: CARNÉ DE CONDUCIR, PASAPORTE, OTRO DOCUMENTO GUBERNAMENTAL.
2. PRUEBA DE INGRESOS Y SOLVENCIA:
   a) 3 ÚLTIMAS NÓMINAS (RECIBOS DE SUELDO) DE SU(S) EMPLEO(S) ACTUAL(ES).
   b) EXTRACTOS BANCARIOS: ÚLTIMOS # MESES PARA CADA CUENTA.
   c) TARJETA(S) DE CRÉDITO: EXTRACTO MÁS RECIENTE DE CADA TARJETA DE CRÉDITO.
3. ¿ES USTED COSIGNATARIO O AVALISTA DE ALGUNA DEUDA O PRÉSTAMO?

SI ES SÍ IMPORTE $__________ DURACIÓN __________DEUDOR __________

4. JUSTIFICANTE DE LA DEVOLUCIÓN DE PRÉSTAMOS ANTERIORES, SI PROCEDE.

CUANDO NUESTRO BANCO ACEPTE SU SOLICITUD DE PRÉSTAMO, NUESTRO DEPARTAMENTO DE SUSCRIPCIÓN REVISARÁ TODOS LOS DOCUMENTOS, REALIZARÁ UNA COMPROBACIÓN DEL CRÉDITO Y TOMARÁ TODAS LAS MEDIDAS NECESARIAS PARA DETERMINAR SI REÚNE LOS REQUISITOS PARA EL PRÉSTAMO. SI USTED ES

SI SE APRUEBA SU SOLICITUD, SE LE ENTREGARÁ UN CONTRATO DE PRÉSTAMO EN EL QUE FIGURARÁ EL IMPORTE DEL PRÉSTAMO, EL TIPO DE INTERÉS Y TODAS LAS DEMÁS CONDICIONES DE REEMBOLSO PARA QUE LO REVISE Y LO FIRME. SI SE APRUEBA, SE CONCEDE EL PRÉSTAMO.

ES UN DELITO DAR INFORMACIÓN O DOCUMENTOS FALSOS PARA OBTENER UN PRÉSTAMO, PUNIBLE SEGÚN EL CÓDIGO PENAL ESTATAL SL467BH9.

HE LEÍDO, ENTENDIDO Y ESTOY DE ACUERDO CON TODO LO ANTERIOR. AUTORIZO AL BANCO A REALIZAR BÚSQUEDAS DE CRÉDITO Y TODO LO QUE SEA NECESARIO PARA DETERMINAR SI CUMPLO LOS REQUISITOS PARA EL PRÉSTAMO.

__________________________ __________________________

(FIRMA DEL SOLICITANTE) (FECHA)

____

(IMPRIMA EL NOMBRE)

Seguros

La finalidad del seguro es protegerle económicamente a usted y a los suyos de los daños y pérdidas materiales y de vida, incluidos los accidentes causados por usted. Responsabilidad civil = daños corporales.

Una "franquicia" es la cantidad que usted paga por las pérdidas antes de que la compañía de seguros se haga cargo. Cuanto mayor sea la franquicia, menor será la "prima" (coste de adquisición) de la póliza de seguro.

¿Cuánta cobertura de seguro necesita? Por regla general, debe contratar un seguro que proteja sus bienes (ahorros, coche, casa, etc.) para que no tenga que venderlos para pagar siniestros, lo que podría dejarle en la ruina y en la posibilidad de declararse en quiebra.

A continuación se explican los distintos tipos de seguros y coberturas:

- **Seguro del inquilino** - La cobertura tiene que pagar por lesiones a usted ya otros (responsabilidad), mientras que en su apartamento y el reemplazo de pertenencias (bienes) en caso de destrucción o robo. Ejemplo: No contrata un seguro de alquiler para su vivienda. Le visita una amiga. Se resbala y cae en el suelo mojado de la cocina, se lesiona y tiene que ser hospitalizada con 19.000 dólares de gastos médicos. Le demanda a usted y al casero. Pierdes en el juicio y te condenan a pagar. Ahora tienes que vaciar tu cuenta de ahorros de 5.000 $ y vender tu coche para conseguir 14.000 $ más para cumplir la orden judicial. Un seguro de alquiler barato (¿150 dólares al año?) lo habría cubierto, y la compañía de seguros te habría defendido ante el tribunal.
- **Seguro de automóvil**: la cobertura de responsabilidad civil cubre los daños causados a terceros. La cobertura médica y de protección contra lesiones personales paga tus gastos médicos. La cobertura por colisión y a todo riesgo cubre los daños al vehículo.
- **Seguro de asistencia sanitaria** - La cobertura tiene que pagar todos los gastos médicos y la asistencia continuada de todas las personas incluidas en la póliza. Es caro. Es una gran ventaja si lo paga la empresa.
- **Seguro de invalidez:** Paga una parte o la totalidad del salario en caso de incapacidad laboral.
- **Seguro de dependencia**: Paga los caros cuidados en residencias de ancianos.
- **Seguro de hogar:** La cobertura tiene que pagar los daños por incendio, daños causados por actos de la naturaleza (huracanes, incendios, inundaciones, etc.), y lesiones a las personas en su casa o en su propiedad (seguro de responsabilidad civil) - las mismas consecuencias de lesiones que el seguro de inquilino, arriba.

- **Seguro de vida:** Paga en caso de fallecimiento del asegurado. La cobertura debe tener una prestación por fallecimiento lo suficientemente grande como para mantener a los seres queridos que dependen de su apoyo financiero para pagar los gastos hipotecarios, las facturas sanitarias, la educación y los gastos de manutención durante el tiempo necesario.

Existen dos tipos principales de seguros de vida: a término y de vida entera. Seguro de vida temporal: Coste anual bajo. No hay cobertura si deja de pagar. La cobertura es por un número determinado de años. Es necesario renovar una vez finalizado el plazo, momento en el que tendrá que volver a solicitar la cobertura, probablemente a un ritmo mayor porque eres mayor.

Seguro de vida entera. Una vez contratada la póliza, no es necesario renovarla a menos que deje de pagar las primas antes de que la póliza autofinancie (la póliza obtiene dividendos anuales iguales o superiores a la prima anual). La cobertura dura hasta su fallecimiento, independientemente de su estado de salud. Puede tomar prestado el "valor en efectivo" de su póliza, que aumenta con el tiempo a medida que se pagan las primas. La póliza puede aumentar de valor con el tiempo, de forma similar a una inversión.

Creo que, como mínimo, deberías contratar un seguro de vida temporal barato si hay alguien que dependa o vaya a depender económicamente de ti (esposa/hijos/pareja). Esto sustituirá los ingresos perdidos por ellos.

O, si nadie depende económicamente de ti, pero quieres organizar una inolvidable fiesta fúnebre al estilo Nueva Orleans/Mardi Gras cuando fallezcas, sólo ocurrirá si dejas suficiente dinero para ese evento más una buena propina para la persona que se encargue de organizarlo todo.

Es aconsejable contratar un seguro de vida entera cuando se dispone de dinero extra - es estupendo establecer una deducción automática - porque se amortiza en unos 15 años, sigue creciendo incluso en una mala coyuntura económica y siempre se está cubierto, independientemente de la salud o la edad. Puedes empezar con poco (¿50.000 $?) y siempre puedes comprar más.

Historia real - Mi seguro de vida entera

Actualmente poseo varias pólizas de seguro de Vida Entera de gran cuantía, totalmente pagadas (y en aumento).

Contraté mi primera póliza de seguro de vida entera cuando tenía 33 años. Pagué un total de 200 000 dólares. Mi prestación por fallecimiento es un 500% superior a lo que me costó. Era soltero, empecé a ganar bien y pensé que algún día tendría hijos, ¡que me harían caso si tuvieran $ para heredar! Incluso en periodos de tipos de interés históricamente bajos y de recesión económica, mis pólizas de Vida Entera han seguido siendo rentables pagan dividendos de entre el cinco y el ocho por ciento.

Los dividendos obtenidos de estas pólizas ahora pagan completamente mis primas de seguro anuales, además de comprar seguros adicionales pagados. Si decide contratar una póliza de seguro de vida entera, compruebe que la compañía de seguros que la emite tiene una alta calificación y lleva al menos veinte años en el mercado.

Enlaces a sitios web de compañías de seguros de vida: www.FinancialBanana-Split.com

Moraleja

Planificar el futuro ahora, cuando las cosas suelen ser más baratas, te compensará abundantemente (por lo general) en el futuro.

Tratamiento de documentos

Debe conservar determinados documentos para demostrar que se produjo un hecho, se pagaron impuestos, se hicieron reparaciones, se compraron artículos, se hicieron donaciones, etc.

El IRS tiene el derecho de auditoría que se remonta a tres años ... para siempre si sospechan de fraude.

Es razonable conservar todos los documentos relacionados con compras importantes – seguros de vida, automóviles, electrodomésticos, aparatos electrónicos, etc., durante al menos siete años o más si existe garantía.

Entre los documentos más comunes que deben conservarse figuran:

- Extractos bancarios y de valores, documentos que demuestren los ingresos, declaraciones de la renta, declaraciones salariales y del impuesto sobre bienes inmuebles.
- Partida de nacimiento, pasaporte, carné de conducir, tarjeta de la seguridad social, título de automóvil, etc.
- Pólizas de seguros, garantías, recibos de reparaciones, gastos médicos.
- Recibos de compra, registros, manuales, escrituras. Guárdalos en un lugar seguro, seco y accesible.

Su sistema puede ser tan sencillo como guardar todos los documentos de un mismo año en una carpeta de plástico dentro de un armario cerrado e ignífugo.

La importancia de la conservación de documentos se multiplica cuando se tiene una propiedad colaborativa (en nuestro sitio web: Colaborar para crear riqueza). La gente cuenta contigo, y tú cuentas con ellos para poder ofrecer pruebas documentadas de que los hechos ocurrieron.

La mejor prueba son los documentos originales firmados y fechados. Como protección adicional, haga fotos y almacene los datos electrónicamente.

Planificación patrimonial

Su patrimonio se crea, tras el fallecimiento, a partir de sus bienes, incluidos el dinero en efectivo, los valores, los bienes inmuebles, el producto del seguro de vida, las joyas, otros bienes personales, etc. Necesita un testamento y un fideicomiso revocable. El tribunal testamentario de su estado (y sus abogados) controlarán, distribuirán y cobrarán grandes honorarios por su patrimonio, a menos que tenga un fideicomiso revocable, como se explica a continuación:

Testamento: Todo su patrimonio se somete a un tribunal testamentario. Usted puede nombrar a un albacea (que liquida económicamente su patrimonio; el tribunal no está obligado a obedecer) y designar a un tutor para sus hijos menores. El tribunal decide quién recibe qué y cuándo, incluso escuchando peticiones de familiares u otras personas, y decide la tutela.

Fideicomiso revocable: Los activos de este fideicomiso evitan el tribunal testamentario. Nombras a un albacea para que distribuya tu patrimonio según tus deseos.

La tutela de los hijos menores la sigue decidiendo el tribunal. Todos los bienes importantes deben depositarse en este fideicomiso. Los bienes menores y los efectos personales se distribuyen de acuerdo con su testamento. Puede modificar o cancelar un fideicomiso revocable en cualquier momento. Completar con abogado/servicio/en línea.

Sus cuentas bancarias/financieras también pueden nombrar a un beneficiario o beneficiarios para evitar que estos activos entren en el proceso de sucesión. Pregunte en el banco.

Los documentos pueden ser preparados por un abogado, un servicio o en línea.

Ingrediente cuatro: Conclusión

Éste es el propósito de Evitar las minas financieras: proteger su dinero comprendiendo y aplicando unos principios básicos cuyo coste es pequeño en relación con lo que tiene que perder.

Ingrediente cuatro: Puntos principales

1. Utilizar herramientas financieras básicas: Preparación del impuesto sobre la renta/comprensión de contratos/seguros/mantenimiento de documentos/planificación inmobiliaria - protegerá su patrimonio de muchas posibles pérdidas legales y financieras.
2. Impuesto sobre la renta: Tiene que calcular y presentar cada año el formulario 1040 del impuesto federal sobre la renta, incluidos los justificantes: W-2/1099(s)/1095/Deducciones benéficas/Gastos médicos/intereses de préstamos, según proceda. Declaración de la renta estatal, si procede.
3. Definiciones: Impuesto sobre la renta=Un impuesto sobre sus ingresos/Deducciones= Cantidades deducidas de su impuesto sobre la renta para reducir los impuestos adeudados/ Exención personal=Una cantidad específica permitida por el IRS/Crédito fiscal: Una cantidad deducida directamente de su impuesto sobre la renta adeudado/ Plazo de presentación: fecha de vencimiento de la declaración de impuestos/ Año fiscal=año natural para la mayoría de los contribuyentes individuales.

4. Los contratos son documentos legalmente vinculantes: hay que atenerse a sus términos y condiciones. Revisa el contrato en 10 puntos utilizando la revisión en 3 pasos: requisitos de pago-incumplimiento-finalización-duración-rendimiento exigido-devoluciones-cesión-opción de compra-requisitos de seguro-mejor oferta disponible.
5. Los seguros protegen sus bienes de la venta para cubrir pérdidas.
6. Deducible: Cantidad que usted debe antes de que la compañía de seguros pague. Lleve un seguro con una cobertura al menos igual al valor de sus bienes.
7. Seguro: Vida temporal = periodo determinado / Vida entera= en vigor hasta el fallecimiento.
8. Conserve determinados documentos: Extractos bancarios y de corretaje-recibos de compras importantes-pólizas de seguros y médicas-declaraciones de la renta.
9. Patrimonio creado tras el fallecimiento. Un fideicomiso revocable evita el Tribunal Sucesorio.
10. Entender su nómina: retenciones, deducciones, etc.
11. Conozca sus impuestos locales: Impuesto sobre ventas y bienes inmuebles.
12. Conocer el lenguaje básico y los requisitos de un contrato y una solicitud de préstamo.

5

Ingrediente cinco: Invertir en riqueza y jubilación anticipada

Invertir es la nata montada del banana split. Puede crecer alto si se aplica correctamente. Fináncielo después de pagar todas las demás partidas de su Presupuesto Mensual.

Jerarquía del flujo monetario

(Dónde dirigir su dinero)

1. Su vivienda - pago de la hipoteca o ahorro para la primera vivienda. (Después de haber financiado por completo tu Fondo de Emergencia y seguir financiando las demás partidas de tu Presupuesto Mensual).
2. Jubilación - inversiones en pensiones.
3. Jubilación - inversiones no relacionadas con pensiones.
4. No jubilación: dinero que puede permitirse perder (Funny bone).

La aplicación de deducciones automáticas para los tres primeros objetivos aumenta la probabilidad de que alcance el éxito financiero porque, si no tienes dinero para gastar, no lo gastarás. Es la psicología básica de "ojos que no ven, corazón que no siente". Y funciona.

Primera zona objetivo: su casa

El primer objetivo al que debe apuntar su dinero es su vivienda o el ahorro para su primera vivienda (en régimen de colaboración o en propiedad exclusiva), porque una vivienda totalmente pagada es la base del Sueño Americano.

Su vivienda es también su inversión inicial y principal, porque la revalorización del precio de la vivienda es un componente fundamental de la creación de riqueza (Ingrediente Dos).

Todos los gastos básicos de la propiedad de una vivienda -principal + intereses + impuestos + seguros (PITI)- deben abonarse íntegramente cada mes para evitar la ejecución hipotecaria. Si estás ahorrando para una casa, financia las dos futuras partidas de vivienda en tu presupuesto mensual y añádelas a tu cuenta de ahorros.

Esto se hace antes de financiar las inversiones y la(s) pensión(es), a menos que su empresa iguale las cotizaciones a la pensión (véase más abajo).

Segundo ámbito - Pensión(es)

El segundo objetivo al que debe apuntar su dinero es su plan de pensiones. Este dinero crece libre de impuestos, o con impuestos diferidos, estimulando el crecimiento. Los fondos de contrapartida de la empresa (si se ofrecen) son dinero gratis (véanse los detalles de las pensiones más adelante).

Tercer objetivo - Inversiones

El tercer objetivo al que debe dirigir su dinero son las inversiones no relacionadas con la pensión. Los ingresos y las plusvalías generados están sujetos a impuestos cuando se obtienen, pero elegir inversiones sólidas y reinvertir los beneficios en ellas potencia el crecimiento financiero.

Cuarta zona objetivo - Funny Bone

El cuarto objetivo al que debe apuntar su dinero es su hueso de la risa. Es para disfrutar y quizá aprender algo, sobre el dinero y sobre uno mismo.

I. Planes de pensiones

II. Invertir:

- **a) Cartilla de valores: acciones, bonos, fondos de inversión, etc.**
- **b) Estrategias clásicas de inversión**
- **c) Cómo empezar a invertir**

III. Planificación de la jubilación

I. Planes de pensiones

Tiene que conocer las opciones de su plan de pensiones: (I) los tipos de pensiones y cómo funcionan, y (II) (III) cómo y dónde invertir el dinero de la pensión, etc. para maximizar el crecimiento de cara a una jubilación anticipada. Definición: Los planes de pensiones sirven para acumular dinero durante los años de trabajo con el fin de mantenerse económicamente durante la jubilación, años posteriores al trabajo.

Las pensiones maximizan el dinero evitando los impuestos durante sus años de crecimiento. Los impuestos sólo se pagan en el momento de la distribución, normalmente en el momento de la jubilación (para la mayoría de los tipos de pensión, véase más abajo). Su empresa puede incluso aumentar sus aportaciones a la pensión hasta un determinado porcentaje, lo que se denomina "igualación" de la empresa. Pregunte a su empresa.

Las pensiones deben financiarse como parte de su presupuesto mensual, especialmente cuando su empresa iguala las contribuciones a la pensión.

Los planes de pensiones son importantes si quieres tener más dinero porque te hacen ganar y ahorrar dinero de estas importantes maneras:

- Crecimiento más rápido: los impuestos no lo impiden.
- La contribución de su empresa a la pensión equivale a dinero gratis (posiblemente incluso mejor que un helado gratis).
- Los planes de pensiones le ahorran dinero porque paga menos impuestos. Algunas aportaciones a planes de pensiones son deducibles de la renta.

Planes de pensiones - Mecánica básica

Patrocinio (gestión) de planes de pensiones:

- 401(k) - La empresa patrocina planes de pensiones regulares y de prestación definida. La empresa lo establece por ti.
- IRA (Individual Retirement Account) - Usted como promotor, planes de pensiones tradicionales y Roth. Su banco puede ayudarle a crearla: es un servicio muy común. Pregunte.

Quién contribuye y los importes máximos permitidos:

- 401(k) - Usted, como empleado, hasta 20.500 $ anuales (actualmente). La empresa podría igualar tus aportaciones a la pensión.
- IRA - Usted, como particular, hasta 6.000 $ anuales (actualmente).

Impuesto federal sobre la renta: El dinero de las pensiones crece libre de impuestos o con impuestos diferidos.

- 401(k) - Las aportaciones son deducibles. Las distribuciones tributan al tipo impositivo vigente en ese momento.
- IRA (tradicional) - Las aportaciones son deducibles. Las distribuciones tributan al tipo impositivo vigente en ese momento.
- IRA (Roth) - Las aportaciones no son deducibles. Las distribuciones no tributan porque el dinero que aportó ya tributó como renta cuando lo ganó.

Información adicional sobre pensiones

- Los pagos pueden ser de una cuantía fija: Plan 401(k) de "prestación definida".
- Puede tener un plan 401(k) y una cuenta IRA al mismo tiempo.
- Un plan SEP está destinado a los trabajadores autónomos.
- Existen normas en materia de pensiones relativas a los préstamos, las retiradas anticipadas, las inversiones admisibles en pensiones, etc.

Información sobre pensiones: www.FinancialBananaSplit.com

Cotizaciones de jubilación y pensión

- Hay una cosa que siempre quise hacer antes de dejarlo... jubilarme" (Groucho Marx, cómico). jubilarme" (Groucho Marx, cómico).
- "Estoy jubilado. Adiós tensión, hola pensión". (Anónimo)

II. a) Cartilla de valores: acciones, bonos, fondos de inversión, etc.

1. **Títulos:** Certificados de valor - acciones u obligaciones - emitidos por una entidad (empresa o gobierno) que denotan

la propiedad en sus activos (acciones) o como tenedor de su deuda (obligaciones). Son instrumentos de inversión. Fluctúan en valor. Pueden comprarse y venderse.

2. **Acción:** Un certificado de valor emitido por una empresa que denota que el titular tiene una participación en la propiedad de la empresa. Es un valor de inversión. Una acción puede o no pagar dividendos (en efectivo). Su valor fluctúa.
3. **Acciones ordinarias:** Clase general de acciones emitidas por una empresa. Incluye los derechos de voto de la empresa.
4. **Acción preferente:** Acción con un dividendo fijo. No tiene derecho de voto. Sus dividendos se pagan antes que los de las acciones ordinarias.
5. **Bonos:** Certificado de deuda emitido por una empresa o un gobierno. Pagan intereses. Emitidos por una empresa = totalmente imponibles. Emitidos por el gobierno federal (bonos del Tesoro) = sin impuestos estatales. Emitidos por el Estado, la ciudad o el condado (Muni) = Sin impuestos federales. Calificación de calidad: A-B-C-D. Su interés el tipo de interés no cambia. El valor de los bonos disminuye cuando la Reserva Federal sube los tipos de interés y aumenta cuando los baja. ¿Por qué? Los nuevos bonos tendrán un tipo de interés de emisión/estado más alto o más bajo que el suyo. Esto los hace más o menos valiosos que los suyos. Los compradores pagan una prima por un tipo más alto / un descuento por un tipo más bajo.
6. **Mercados de valores y mercados de bonos:** Mercados en los que se cotizan e intercambian -compran y venden- acciones y bonos. Ejemplos: Dow Jones Industrial Average (DJIA), Standard & Poor's 500 (S&P500) Nasdaq, S&Pglobal.com / moodys.com.

7. **Fondos de inversión-ETF Fondos de índice:** Son paquetes de valores cada uno con su propio objetivo: crecimiento, ingresos o ambos, etc. Los fondos de inversión cotizan al final del día y son gestionados por profesionales a cambio de una comisión. Los ETF cotizan a lo largo del día como las acciones y pueden estar gestionados o no. Los fondos indexados siguen un índice de mercado concreto y no están gestionados. Compre sólo fondos de inversión "sin carga".
8. **Banco de la Reserva Federal (la "Fed"):** El banco central de Estados Unidos. Controla la oferta monetaria de la economía, expandiéndola o contrayéndola, principalmente subiendo (contrayendo) o bajando (expandiendo) los tipos de interés. Esto afecta a los tipos de interés de hipotecas, préstamos y tarjetas de crédito. El mercado bursátil suele subir durante los periodos de expansión monetaria y bajar durante los de contracción.
9. **Criptomoneda:** Dinero electrónico creado y almacenado en ordenadores. No emitida ni respaldada por el Gobierno de Estados Unidos. Muy volátil y arriesgada. Bitcoin y Ethereum son ejemplos.

II b) Estrategias clásicas de inversión

Ofrezco las siguientes estrategias de inversión clásicas no para convertirte en un experto, sino para que te familiarices con la inversión lo suficiente como para que seas capaz de investigar y utilizar la información presentada a lo largo de todo el libro este libro para tomar decisiones de inversión meditadas, que le impulsen hacia el Sueño Americano.

Especular frente a invertir

¿Quieres alcanzar el sueño americano? Entonces limítate a invertir tu dinero, no a especular. ¿Por qué?

Una inversión a corto plazo (menos de un año) se llama especular, y básicamente es apostar. ¿Por qué? A corto plazo, los mercados no reflejan necesariamente valores realistas: los precios se rigen más por las emociones. Si tienes que vender, te arriesgas a hacerlo con pérdidas.

Una inversión a largo plazo (10 años o más) se llama inversión porque se sube a la ola de las fluctuaciones del mercado y suele volver a una valoración realista. Utilízala para ahorrar para la jubilación.

Cualquier cosa puede ocurrir en cualquier momento y un plazo más largo tiende a suavizar las cosas. El ciclo económico típico suele durar unos 12 años, de Bueno > Malo > Bueno. La inversión utiliza el largo plazo como palanca para crecer. La especulación no lo hace: apuesta por un beneficio rápido. ¿Quieres practicar la especulación o la inversión sin utilizar dinero real? Encuentre juegos de mercado en tiempo real en www.FinancialBananaSplit.com.

¿Qué tiempo hace?

¿Quiere alcanzar el sueño americano? Entonces haz un pequeño esfuerzo por entender lo que estás comprando antes de comprarlo.

Si estuviera pensando en mudarse, antes de decidirlo reuniría información básica sobre la nueva zona, como:

• Clima durante todo el año • Coste de la vivienda
• Coste de la vida • Calidad de la enseñanza •
Oportunidades de empleo • Ocio • Compras, etc.

Antes de comprar valores, recopile también información básica:

Acciones individuales y fondos de acciones

- Coste de compra = NAV (valor liquidativo).
- Coste de propiedad = Ratio de gastos: Igual a un % como 0,45, 0,07, 1,2, etc. Incluye todas las comisiones + los gastos de distribución (gastos de escape). La comisión de gestión del broker (si existe) se añade a estos gastos.
- Compre sólo fondos sin carga: Mutuos/ETF/Index.
- Calificación de calidad según agencias de calificación independientes: Morningstar, etc.
- Historial de volatilidad de precios (subidas + bajadas) frente a bolsa/pares/índice.
- Ratios P/E actuales e históricos para acciones / fondos.
- ¿Quién posee las acciones/los fondos? ¿Qué correduría? ¿Cómo está asegurado? ¿Límite?
- Posibilidad de comprar/vender y coste de hacerlo (comisión de transacción, etc.).
- Compare todos los elementos anteriores con otras acciones o fondos del mismo tipo.
- Análisis en profundidad - página 121: Análisis fundamental y técnico.
- ¿Dividendos pagados? ¿A cuánto ascienden? ¿Frecuencia? ¿Historial? ¿Situación fiscal?

Bonos individuales y fondos de bonos

Toda la información anterior para acciones y fondos individuales, más:

- Compruebe el índice de calidad: A-B-C-D. Grado de inversión=Baa/ BBB>AAA.
- Calificación más baja = tipo de interés más alto = mayor riesgo

- ¿Tipo de interés efectivo (real) que recibirá después de los gastos?
- Estructura fiscal: ¿Sujeto al impuesto sobre la renta federal + estatal? ¿Ambos/uno/ninguno?
- Compare su rendimiento con el actual Tesoro a 10 años. Más alto = más riesgo.

Plan y objetivo

¿Quieres alcanzar el sueño americano? Entonces necesitas un plan y un objetivo. Un plan sirve para dar pasos. Un objetivo es aquello con lo que mides tus pasos (progreso). Un plan puede ser sencillo. Lo más importante es empezarlo y seguirlo.

Su plan debe ser flexible para tener en cuenta los cambios imprevisibles sin dejar de avanzar hacia su objetivo. Ejemplo: Objetivo: ahorrar 1.800 dólares en un año. Plan - Establecer una transferencia automática con mi banco para

150 dólares al mes de mi cuenta corriente a mi cuenta de ahorro. Añadir dinero extra cuando esté disponible por si un mes una emergencia financiera me impide contribuir.

Riesgo frente a rentabilidad

¿Quiere alcanzar el sueño americano? Entonces, ¿cuánto riesgo o pérdida está dispuesto a asumir a cambio de una mayor rentabilidad? Esta es la cuestión básica de riesgo frente a rentabilidad. Sólo se asume más riesgo porque se espera un resultado mayor o mejor que el de una inversión menos arriesgada. Es una tontería arriesgar mucho su dinero. Deje el juego para Las Vegas, donde las probabilidades son probablemente mejores y los casinos le ofrecen bebidas gratis.

Apueste sólo con lo que pueda permitirse perder, no con el dinero de su vivienda, sus ahorros o su jubilación.

Cuanto mayor sea el riesgo, mayor deberá ser la rentabilidad. El PER actual comparado con el histórico indica riesgo (véase más abajo).

Relación precio/beneficios (PER)

¿Quiere alcanzar el sueño americano? Entonces entienda a qué precio debe comprar un valor o un fondo. Comprar barato, vender caro = riqueza más rápida. ¿Cómo? Calculando su "P/E Ratio" = Price to Earnings Ratio. Esta cifra le indica el riesgo de un valor en relación con su historial de precios. Es un buen indicador de lo bajo y lo alto que puede subir con el tiempo. Ratio PER = Precio actual de un valor dividido por sus beneficios por acción (BPA). Ejemplo: Precio de la acción = 60 $. EPS = $5. $60 / $5 = 12. Su relación PER = 12. ¿Una relación P/E de 12 hace que sea un riesgo alto o bajo para comprar en este momento? Compárelo con el PER histórico encontrado en el sitio web de la empresa y en www.FinancialBananaSplit.com. Históricamente, el S&P 500 vuelve a un PER de 16, una compra neutral. Se ha movido entre un mínimo del PER de 6 (1949) y un máximo de 120 (2001, el boom de las ".com") ¿Dónde está hoy? Ojalá hubiera conocido esta sencilla información hace años. Yo me lo pierdo, tú te lo ganas.

Varias fuentes de ingresos

¿Quiere alcanzar el sueño americano? Entonces entienda y desarrolle múltiples fuentes de ingresos. Esto se refiere a los ingresos procedentes de múltiples fuentes, que pueden incluir el sueldo del trabajo, los ingresos procedentes de propiedades en alquiler, los ingresos por inversiones, los ingresos por aficiones, los ingresos por trabajos a tiempo parcial, tu propio negocio, etc. Utiliza los ingresos extra para invertir y para nuevas áreas de flujo de efectivo. El objetivo es la jubilación anticipada con múltiples fuentes de ingresos.

Deducciones automáticas

¿Quiere alcanzar el sueño americano? Entonces utilice este método de "configúrelo y olvídese" para hacer crecer su dinero. El dinero que usted indique que se deduzca automáticamente de su nómina o cuenta bancaria para depositarlo en cuentas de ahorro/pensión/inversión son deducciones automáticas. Esto apoya el concepto de "ojos que no ven, corazón que no siente" y es un peldaño en el camino hacia el Sueño Americano. Si la contribución a tu pensión, el pago inicial de la casa, la hipoteca, las inversiones, etc. se deduce de tu nómina antes de que la veas, entonces no la echas de menos. Ajustarás automáticamente tu estilo de vida y tu presupuesto para adaptarte.

Páguese usted primero

¿Quiere alcanzar el sueño americano? Entonces elija inversiones que reinviertan los ingresos o que le paguen directamente en lugar de no recibir nada. Al comprar valores, esto se refiere a comprar sólo valores que pagan dividendos o intereses. Estás invirtiendo y arriesgando tu dinero. ¿No debería cobrar por ello? Algunos inversores creen que las empresas que pagan dividendos son más fiables porque siempre necesitan asegurarse un buen flujo de caja. De este modo, siempre pueden pagar dividendos a los accionistas. Esto las convierte en inversiones potencialmente menos arriesgadas. Usted recibe dividendos aunque sus títulos hayan bajado de valor. Esto ayuda a estabilizar las emociones durante los altibajos del mercado (volatilidad).

Historia real - Dividendos

Hace unos años, compré acciones de un fondo de inversión a 12 $ por acción. Pagaba un 7,25% de ingresos por dividendos libres de impuestos federales sobre mi inversión principal. Debido a variables económicas (ninguna afectó a la capacidad de este fondo para generar su dividendo) su precio cayó un 66% hasta los cuatro dólares por acción. Pagaron su dividendo como "un reloj" - a tiempo y exactamente al céntimo - a pesar de que el fondo perdió dos tercios de su valor de mercado.

Fue un viaje duro emocionalmente, pero no vendí y seguí cobrando mis dividendos.

Varios meses después, el fondo invirtió su tendencia a la baja y subió un 50%, de nuevo debido a variables del mercado que nada tenían que ver con la salud financiera del propio fondo. Estaba recibiendo ingresos mientras poseía el fondo durante un periodo volátil. Esto me impidió vender con pérdidas, lo que habría sido un grave error. Lista de fondos: www.financialbananasplit.com

Promedio del coste en dólares

¿Quiere alcanzar el sueño americano? Entonces siga un programa de inversión constante a largo plazo. Esto significa comprar la misma cantidad de dólares del mismo valor en cada periodo fijado por ti: mensual, trimestral, anualmente, en tu cumpleaños, en el de tu mascota, etc. A veces es caro y a veces barato... Todo se compensa con el tiempo. Esto ha demostrado ser mejor que intentar medir el tiempo del mercado.

Ejemplo: Compras 10 acciones de XYZ Corporation cada año en tu cumpleaños. Un año, una acción puede costar 92 $. Otro año, puede costar 121 $. Si haces esto durante veinte años, el precio medio puede ser de 106 $. No has pagado ni de más ni de menos: el precio medio que has pagado se llama "Ricitos de oro": es justo el adecuado.

Comprar y mantener

¿Quiere alcanzar el sueño americano? Entonces elija calidad, crea en ella y no la abandone nunca. (Lástima que no apliquemos esta estrategia a la hora de elegir amigos.) Esto significa comprar y no vender nunca valores de alta calidad, tanto si se compran como valores individuales como si se compran como un fondo - se quedaría con el fondo si tuviera una alta calificación* general.

*Empresas de alta calificación con un largo historial de pago de dividendos o intereses. Empresas grandes, bien conocidas, de alta calidad y que pagan dividendos, como IBM, McDonalds, Walmart, Johnson & Johnson y Colgate Palmolive. Se las conoce como Aristócratas del Dividendo. Fondos: VOO// NOBL/REGL.

Comprar y vender lo que uno espera que sea la próxima acción "de moda" implica un mayor riesgo al intentar cronometrar el mercado. Esto reduce la rentabilidad a largo plazo, ya que se incurre en comisiones de intermediación y otros gastos cada vez que se compra o se vende, y en pérdidas si se acierta.

Diversificación

¿Quiere alcanzar el sueño americano? Entonces reduzca el riesgo de su inversión diversificando. Esto significa poseer distintos tipos (clases) de activos: acciones, bonos, materias primas y bienes inmuebles. Ser propietario de una vivienda es su principal inversión inmobiliaria, por lo que básicamente está cubierto en este aspecto. Todas las inversiones suben y bajan de forma impredecible a lo largo del tiempo: Cuando una sube, otra baja.

¿Conoces el juego de feria en el que martilleas a un topo? La diversificación es el mismo concepto: Nunca sabes qué topo va a aparecer, pero si haces la misma apuesta en todos ellos al mismo tiempo, siempre eliges un ganador.

El fondo de inversión equilibrado es un ejemplo de diversificación. Estos fondos también se conocen como inversiones "todo en uno" porque mantienen un grupo diversificado de activos: acciones, bonos, etc. Ejemplos de fondos: VBIAX/FFFGX/ONGAX.

Fondos de destino

¿Quiere alcanzar el sueño americano? Entonces no elija valores: deje que un fondo objetivo lo haga por usted. Con estos fondos, usted elige el año previsto para su jubilación y el fondo ajusta automáticamente su combinación de acciones y bonos a medida que alcanza su edad de jubilación. Tiene más acciones para el crecimiento en los primeros años y más bonos para el pago de ingresos en sus últimos años de jubilación. Ejemplos de fondos de inversión con fecha de jubilación 2060: VTTSX/FDKLX/SSDYX.

La regla del 72

¿Quiere alcanzar el sueño americano? Entonces sepa cuánto tarda en duplicarse su inversión. Esta fórmula muestra el número de años que tarda una inversión en duplicarse a una tasa de crecimiento o "rendimiento" estimado (mediante revalorización, dividendos, intereses o una combinación de ambos) utilizando la reinversión. Basta con dividir 72 por el rendimiento anual previsto.

Ejemplo: Inviertes 2.000 $, que pagan un dividendo anual del 8%. Entonces 72 ÷ 8% = 9. Tu dinero tarda nueve años en duplicarse a un rendimiento del 8% con todos los dividendos e intereses reinvertidos.

Splits" de acciones

¿Quiere alcanzar el sueño americano? Entonces entienda este mecanismo básico del funcionamiento de las acciones. Un "split" de acciones se produce cuando el precio de las acciones de una empresa ha alcanzado un precio alto y la empresa divide sus acciones: Da a sus accionistas dos (o más) acciones de medio valor por cada acción que poseen. Históricamente, las acciones divididas aumentan de valor.

Compuesto

¿Quiere alcanzar el sueño americano? Entonces entienda y utilice este creador de riqueza probado con el tiempo. El elemento más poderoso en la creación de riqueza es ***el TIEMPO.*** El mejor ejemplo de ello es el efecto compuesto. (Las ganancias no procedentes de pensiones ni de ETF se repercuten y están sujetas a impuestos).

La capitalización significa crecimiento mediante la reinversión de dividendos e intereses en los valores que los produjeron.

Esto se aplica especialmente a las pensiones, cuyos ingresos no están sujetos a impuestos. Tu dinero crece rápido porque recibes ingresos por la reinversión y por la inversión original. El interés simple hace crecer el dinero más lentamente. Sólo recibe ingresos por su inversión original, no por los ingresos que ésta genere.

Interés compuesto

Esta ecuación muestra que el crecimiento del tipo de interés compuesto es el triple del crecimiento del tipo de interés simple: interés simple: 3 + 3 + 3 = 9 frente al interés compuesto: 3 x 3 x 3 = 27.

A continuación se ilustra un gráfico de tipo de interés compuesto frente a interés simple:

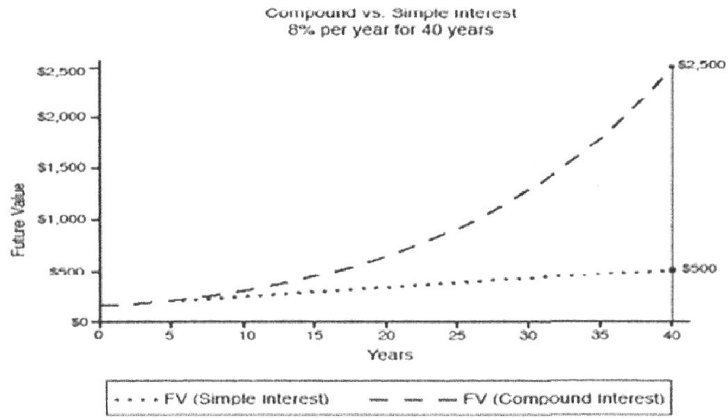

Como puedes ver, el interés compuesto produjo un resultado un 500% mayor (500 $ frente a 2.500 $) que el interés simple.

Aquí tienes un gráfico circular con otra forma de ver el interés compuesto:

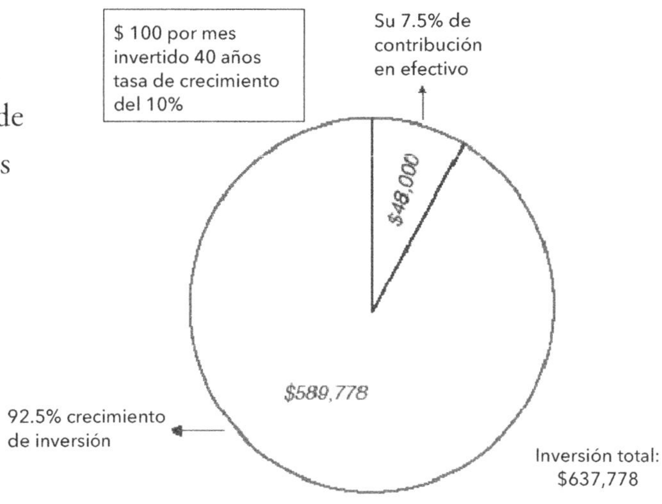

Aquí se muestran 100 $ al mes (3,34 $ al día) invertidos durante cuarenta años en un fondo de pensiones basado en el índice S&P 500. Históricamente, este fondo ha ganaba un 10% al año con los dividendos reinvertidos, que es la base de la capitalización. Sus aportaciones totales de 48.000 $ crecen hasta $637,778.

Tú has aportado el 7,5%. El crecimiento compuesto aportó el 92,5%. Piense en ello como: Simple + Fácil = Millonario.

Historia real - June Chopper Compounding

Una amiga mía del Medio Oeste (la llamo June Chopper por el icónico personaje de la madre en un programa de televisión de los años 50) pudo jubilarse anticipadamente, y tanto ella como su marido consiguieron acumular más de un millón de dólares en su cuenta de jubilación.

¿Cómo? Compounding: deducciones automáticas constantes de sus nóminas en sus planes de pensiones, dejando su dinero intacto y reinvirtiendo los dividendos e intereses producidos por estas inversiones para potenciar el crecimiento de sus fondos de pensiones.

Esta historia de la vida real demuestra que las personas con ingresos medios tienen posibilidades reales de alcanzar la independencia financiera. Solo hace falta paciencia y seguir las estrategias básicas que se ofrecen en este libro.

Invertir para obtener ingresos

Es cuando se compran valores que pagan intereses/dividendos, para tomarlos como ingresos con los que pagar los gastos de manutención. Por ejemplo: Los REIT (Real Estate Investment Trust) y los MLP (Master Limited Partnership) están obligados a distribuir el 90% de sus beneficios a los accionistas.

Un sabroso anagrama fácil de aprender

I = Interés
C = Capitalización
E = Cotidiano
C = Crea
R = Real
E = Fácil
A = Adicional
M = Dinero

Ilustración del juego de mesa
Helados y dinero... ¡Para todos!

PIENSE
I-C-E C-R-E-A-M
HACERSE RICO

Visita www.FinancialBananaSplit.com
para comprar este juego de mesa.

II(c) Cómo empezar a invertir Una estrategia de inversión sencilla y de eficacia probada

El estándar de rendimiento con el que se miden la mayoría de las inversiones es el S&P 500 (Standard & Poor's). Contiene quinientas de las mayores empresas que cotizan en las bolsas de valores NYSE y NASDAQ. Representa el 75% de la economía estadounidense.

Una estrategia de inversión básica consiste en comprar dos fondos indexados ETF de mercado amplio y bajo coste: uno para acciones y otro para bonos.

Ejemplo: Usted compra una acción de cada tipo de ETF: stock-VOO @$377 y bond-BND@$76.

Una relación monetaria clásica es 3/4 (75%) de acciones, 1/4 (25%) de bonos. En el ejemplo anterior, la compra de un número par de acciones y bonos le daría un 83% de acciones y un 17% de bonos. Sencillo. Esto está dentro de un rango razonable de la clásica proporción acciones/ bonos. Esta estrategia no es perfecta, pero hay mil peores.

Para ello, basta con abrir una cuenta de corretaje (que se detalla más adelante) con instrucciones escritas para comprar según el ejemplo anterior. Fúndela con deducciones automáticas de su nómina o cuenta corriente, después de pagar todos los gastos de vivienda y las aportaciones a la pensión igualadas por su empresa. Así es como se financia una cuenta IRA.

Revise todas sus inversiones al menos una vez al mes para sentirse cómodo con el extracto de su cuenta y asegúrese de que entiende todos los gastos y comisiones.

Fácil: abrir su propia cuenta de corretaje

¿Quiere alcanzar el sueño americano? Es hora de que abra una cuenta de corretaje.

1. Abra una cuenta de corretaje en su banco o en línea con un corredor de bajo coste: Vanguard, Fidelity, TD Ameritrade, Charles Schwab. Todas son buenas opciones. Compara costes de comisiones, operaciones, requisitos de saldo, etc. En Www. FinancialBananaSplit. com encontrará enlaces a sitios web.
2. Especifique que desea que todos los intereses y dividendos generados por sus inversiones se reinviertan. Esta es la base de la capitalización, la forma de potenciar el crecimiento de las inversiones.
3. Abra una cuenta de pensiones Roth IRA donde abrió su cuenta de corretaje. Utilícela para valores de corretaje hasta límite

permitido. Esto permite un crecimiento más rápido porque crece libre de impuestos. Nota: Puede crear una cuenta Roth IRA como particular aunque ya tenga un plan de pensiones de empresa. Antes de esta cuenta Roth IRA, deberá aportar dinero al plan de pensiones de su empresa, al menos hasta el límite de la aportación de su empresa.

4. Seleccione un fondo de la lista de fondos equilibrados, un fondo ETF del índice S&P 500, un fondo de inversión o los fondos de índices bursátiles y de renta fija amplios (Vanguard o fondos similares de bajo coste) indicados. Indique a su agente de bolsa qué inversiones comprar y cuándo.
5. Establezca una deducción automática mensual de su cuenta corriente o nómina para que vaya directamente a esta cuenta de pensiones, tanto como pueda presupuestar.
6. Revise su inversión con regularidad para determinar su rendimiento relativo antes de comprar o vender. Consulte www.FinancialBananaSplit.com para realizar comparaciones.
7. Aumente su contribución mensual en la medida de sus posibilidades.
8. Disfruta de una buena jubilación anticipada. Invítame a una copa cuando nos veamos en el bar del crucero. ¡Gracias!

También existe un nuevo tipo de servicio de inversión automatizado. Es de bajo coste y utiliza sofisticadas matemáticas para invertir tu dinero en acciones y bonos nacionales e internacionales. Se basa en tus respuestas a su cuestionario.

También hay aplicaciones de ayuda a la inversión en los sitios web de las agencias de valores. Visite www.FinancialBananaSplit.com para acceder a los enlaces de los sitios web.

Historia real - Pat

Volvamos a la ecuación del inversor de éxito:

Simple + Fácil = Millonario

He aquí una historia real de inversión de mi compañero de tenis, Pat. Pat pasó de la inversión compleja a la simple y se compró este nuevo coche deportivo para celebrar sus buenas decisiones y su fortuna.

Pat es un ingeniero informático inteligente y culto de unos 60 años. Tiene buenos ingresos y lleva una vida cómoda.

Invirtió su dinero en una empresa de corretaje tradicional, a la que pagaba un 1,5% anual en comisiones y otros gastos. Aunque llevaba décadas invirtiendo su dinero en los mercados financieros, Pat nunca vio que su situación financiera mejorara significativamente.

Tras perder gran parte del valor de su cartera en el crack financiero de 2001, Pat decidió tomar lo que quedaba de sus inversiones y traspasarlo a un fondo indexado S&P 500 de bajo coste con Vanguard Brokerage Services.

Conocí a Pat en 2014 en nuestro grupo de tenis local y enseguida me fijé en su flamante deportivo europeo. Le dije que admiraba su coche y me contó su historia de inversión.

Con sus propias inversiones bajo su control, Pat duplicó su dinero mientras cabalgaba la marea alcista de un mercado en recuperación. El éxito de Pat es una historia real de la ecuación de la inversión:

Simple + Fácil = Millonario. ¡Funciona!

¿Debe contratar a un asesor de inversiones? Ventajas e inconvenientes

¿Quiere alcanzar el sueño americano? Aquí tienes dos **secretos** para gestionar tu dinero con éxito, tanto si decides recurrir a un asesor de inversiones como si no:

1. Debe conocer los fundamentos de la inversión financiera.
2. Debes desarrollar una relación sana con el dinero.

¿Por qué? Porque necesita hacer un seguimiento y comprender por qué sus inversiones rinden como lo hacen, tanto si trabaja con un asesor de inversiones como si no.

Saber esto te ayuda a ver los malos tiempos con una comprensión de por qué sucedió y calcular cuándo se dará la vuelta en lugar de "por qué, pobrecito de mí", entrar en pánico y vender en el punto más bajo (he estado allí, he hecho eso).

Afortunadamente, estos dos secretos para gestionar el dinero con éxito se exploran y explican en la sección de nuestro sitio web: Adquiera conciencia de su dinero y en este libro: Alcance la alfabetización financiera.

Una vez que haya leído y comprendido la información de este libro, tenga en cuenta estos puntos adicionales que le ayudarán a decidir si un asesor financiero - y de qué tipo - es adecuado para usted:

- No contrate a un asesor financiero para que le asista si sólo posee fondos indexados de bonos y S&P 500 "configúrelos y olvídese de ellos". Basta con que lo configure y utilice un bróker de descuento.

- La mayoría de los brokers de descuento ofrecen ahora servicios "telefónicos" de bajo coste si necesita consultar con un broker financiero y servicios de broker "robot" que tienen en cuenta su tolerancia al riesgo y corrigen las fluctuaciones del mercado mediante algoritmos matemáticos.
- El mejor uso de un asesor de servicio completo es para inversores que operan activamente y/o personas con situaciones financieras más complejas.
- Si no quieres manejar tu dinero por el motivo que sea, recurre a un asesor financiero. Considere la posibilidad de invertir al menos una parte en un índice bursátil simple S&P 500 y un fondo de bonos ETF en una proporción de 3:1 con un agente de descuento. Estos fondos no deberían estar en la cuenta "gestionada" de su corredor, porque le cobran una comisión adicional por ello.
- Realice un seguimiento de la rentabilidad de su corredor con respecto a los fondos mencionados a largo plazo y teniendo en cuenta las principales fluctuaciones del mercado. Esto le ayudará a entender los mercados. Su agente debería ayudarle a ajustar su combinación financiera para suavizar las pérdidas y aprovechar las oportunidades. Hablemos.
- ¿Qué hago yo? Utilizo un fondo índice S&P 500 de bajo coste de los servicios de intermediación de Vanguard, así como un asesor financiero. Sin embargo, los fondos que tengo con mi asesor financiero son fondos especializados en bonos municipales y energía, libres de impuestos federales. No le pago una comisión adicional por ellos. Los fondos le pagan una comisión 12B-1,

que ya está incluida en sus gastos. Pueden fluctuar mucho, pero comprendo los riesgos y me gustan los ingresos constantes (¡el flujo de caja es genial!).

III Planificación de la jubilación

El enfoque de los años de jubilación es el opuesto al enfoque de ahorro e inversión de los años de trabajo. Durante los años de trabajo se trata de cuánto puedo ganar. Durante la jubilación es cuánto puedo recibir.

La información aprendida en el Quinto Ingrediente puede aplicarse a la planificación de la jubilación porque sus inversiones siguen necesitando generar dinero, ahora más para obtener ingresos que para crecer. Una vez más, todo gira en torno al flujo de caja.

Calcular su presupuesto de jubilación

Complete su presupuesto mensual en la página 17. Utilice los importes correspondientes a sus años de jubilación como se indica a continuación:

Ingresos - Todos los conceptos netos de impuestos: seguridad social, pensiones -incluidas las distribuciones obligatorias-, ingresos netos estimados durante la jubilación procedentes de trabajos a tiempo parcial, ingresos por alquileres, rentas vitalicias, inversiones, etc.

Nota: La "regla del 4%" se entiende como la cantidad máxima que debe retirar al año para que sus inversiones sean una fuente de ingresos hasta su fallecimiento. Un importe superior podría requerir una reducción de los gastos o un aumento de los ingresos.

Gastos - Sus gastos mensuales de vivienda serán mucho menores si vive en su casa y ha pagado su hipoteca.

Para calcular mejor los gastos generales durante la jubilación (alimentación, servicios públicos, etc.), tenga en cuenta la inflación añadiendo un 4% a los gastos de su presupuesto actual (para las partidas pertinentes) cada año desde ahora hasta el año en que cumplirá 75 años. Es sólo una "estimación" basada en la longevidad media.

Edad actual = 35 años. Años, hasta los 75 = 40.

Por tanto: 4% x 40 años = 160%. Añade el 160% a cada gasto. Un gasto corriente de 300 $ + 160% = 780 $.

Anualidades

Las rentas vitalicias son contratos financieros de compañías de seguros de vida. Son una combinación de valores y seguro de vida con una renta mínima garantizada.

Son populares para planificar la jubilación porque los pagos mensuales garantizados pueden ser superiores a lo que usted puede retirar cómodamente de sus inversiones durante un largo periodo de jubilación.

Las rentas vitalicias pueden ser costosas y complejas, y hay que pagar grandes comisiones a los corredores. Tienen elevados gastos de explotación y fuertes comisiones de rescate (si se deja de pagar).

¿Cómo comprar las rentas vitalicias más rentables? Fuente: Directamente de la compañía de seguros emisora.

Tipo: SPIA (renta vitalicia inmediata de prima única). ¿Por qué? Usted paga una suma única a la compañía de seguros. Esto elimina el riesgo de cancelación de la póliza por impago. Una renta vitalicia de pago fijo es más fiable que una de pago variable. Consulte qué prestación por fallecimiento paga su contrato, si es que paga alguna. www.FinancialBananaSplit. com para consultar los sitios web de rentas vitalicias. Una opción es adquirir inversiones y seguros de vida por separado.

Cosas de niños

La información sobre inversiones también es aplicable a los menores. La Ley Uniforme de Donaciones a Menores (UGMA) permite a un adulto abrir una cuenta de inversión independiente para un menor y controlarla hasta que éste alcance la mayoría de edad. Puede abrirse en la mayoría de las entidades financieras: yo abrí una UGMA para mi hijo. Con la inversión, el tiempo es poder y los niños tienen el plazo de inversión más largo. Los planes de ahorro Coverdale y 529 son otras opciones. Estos programas están más estructurados/restringidos a la financiación de la educación.

Quinto ingrediente - Conclusión

Invertir para conseguir riqueza y una jubilación anticipada no es magia. Las condiciones para alcanzar sus objetivos se dan a nuestro alrededor todos los días. Comprenda y aplique la información de este Ingrediente para utilizar estas condiciones en su máximo beneficio financiero.

Ingrediente Cinco: Puntos principales

1. Dirija su dinero: Fondo de emergencia > Hipoteca/Pago inicial > Pensión > Inversiones no relacionadas con la pensión > Funny-Bone.
2. Una pensión sirve para ahorrar dinero durante el trabajo>vivir en la jubilación. El crecimiento de las inversiones en pensiones es rápido, no se ve frenado por los impuestos.
3. Valores básicos = acciones y bonos. Acciones = crecimiento e ingresos por dividendos. Bonos = ingresos por intereses y suelen

tener menos riesgo que las acciones, pero menos potencial de crecimiento (valor).

4. Los fondos de inversión, los ETF y los fondos indexados poseen muchos valores diferentes, lo que supone menos riesgo que un único valor.
5. Invertir = mantener valores a largo plazo. Especular = apostar (mantener un valor menos de un año).
6. Tenga un objetivo de inversión realista y un plan básico para financiarlo.
7. Definiciones: Ratio PER=precio de la acción dividido por el beneficio por acción. Riesgo neutro del S&P 500=16/Corriente de ingresos múltiples=Salario + ingresos por inversiones + ingresos por alquileres, etc./ Páguese usted primero=comprar sólo acciones que paguen dividendos/ Dollar Cost Averaging=comprar la misma cantidad de dólares de la misma acción a lo largo del tiempo/ Comprar y mantener=comprar acciones de calidad a largo plazo/ Diversificación=poseer diferentes clases de activos: Acciones-bonos-inmuebles/Regla del 72=dividir 72 por la tasa de rentabilidad anual = número de años para que el valor se duplique con la reinversión/División de acciones=recibir 2 acciones con el mismo valor que una acción/Interés compuesto=crecimiento rápido mediante la reinversión de dividendos de acciones para comprar más acciones/Estrategia de inversión clásica=75% acciones + 25%bonos/Abra su propia cuenta de corretaje de descuento sin comisiones de gestión/Una renta vitalicia es una inversión a largo plazo inversión combinación de seguro de vida y valores/Regla del 4%=no tome más del 4% de sus inversiones al año para que duren hasta la jubilación/UGMA -Uniform Gift to Minors Act= un adulto puede abrir una cuenta de inversión para un menor.

8. Información financiera adicional importante: REIT/Contra Activos/Aprovechamiento/Venta a Largo + Corto/ Seguridad Social Medicare/FICA/Fondos Mutuos vs ETF's: Diferencia fiscal/ Acciones de crecimiento/ Acciones de valor/ Opciones sobre acciones/ Capitalización grande/ Capitalización pequeña/ Bonos basura/ Herencias/ Activos de capital: Impuestos-Duración-Ganancias-Pérdidas/T.I.P.S./Sectores bursátiles/ Selección de asesores financieros y comprobación de licencias/Rebalanceo/ Inflación/Dividendos cualificados/Formularios fiscales de valores 1099/Prospecto/Bolsas alcistas y bajistas/ /Inversión ética/FinTech/F.I.R.E./ Análisis fundamental/Análisis técnico/PIB/Cadena de suministro/IPC/Microeconomía y macroeconomía
9. Introducción a los valores: Valores/Acciones/Acciones ordinarias/ Acciones preferentes/ Bonos/Mercados de valores y de renta fija/ Fondos de inversión-Fondos cotizados Fondos indexados/Banco de la Reserva Federal (la "Fed") / Criptomonedas

Información financiera adicional importante

1. **REIT:** Fondo de inversión inmobiliaria: Sociedad anónima que posee, explota o financia bienes inmuebles. Puede ser propietaria de inmuebles reales o limitarse a negociar hipotecas.
2. **CONTRA - ACTIVOS**: Inversiones cuya revalorización o depreciación no sigue el mercado bursátil. Su valor puede ir en dirección contraria. El oro es el clásico contra activo. Su valor suele subir cuando las bolsas sufren grandes caídas.
3. **APALANCAMIENTO**: Utilizar el dinero de otras personas o entidades para adquirir un activo. Ejemplo: Hipoteca de vivienda. Tu 20% de entrada. El banco presta el 80%.

4. **VENTAS LARGAS Y CORTAS**: Posición larga: compra hoy un contrato sobre una acción que espera que suba en el futuro. Posición corta: compra hoy un contrato sobre una acción que espera que baje en el futuro. Si acierta, gana; si se equivoca, pierde.
5. **SEGURIDAD SOCIAL**: Programa federal de seguros que abona prestaciones mensuales en metálico a las personas de 62 años o más que han cotizado al programa mediante deducciones de los impuestos sobre la nómina.
6. **MEDICARE**: Programa federal de seguro médico destinado principalmente a las personas mayores de 65 años que han cotizado al programa mediante impuestos sobre la nómina.
7. **FICA**: Impuesto federal sobre las nóminas que financia las prestaciones de la Seguridad Social y Medicare.
8. **FONDOS DE INVERSIÓN FRENTE A FONDOS COTIZADOS: DIFERENCIA FISCAL: Fondo de** inversión: Usted paga impuestos sobre las ganancias declaradas por el fondo mientras es propietario del mismo, pero no recibe realmente estas ganancias hasta que vende sus participaciones. ETF: Las ganancias sólo se declaran y tributan cuando se venden. No se pagan impuestos sobre las ganancias hasta que se distribuyen en cualquiera de los dos tipos si están en una cuenta de pensiones.
9. **ACCIONES DE CRECIMIENTO:** Compradas para (esperemos) superar al mercado. No se centra en los ingresos por dividendos. Por lo general, el PER es elevado. Más riesgo implícito.
10. **VALORES DE RENTA VARIABLE:** Se compran para obtener dividendos y seguir el ritmo del mercado. Suelen tener un PER bajo. Menor riesgo implícito
11. **OPCIONES SOBRE ACCIONES:** Le da el derecho, no la obligación, de comprar o vender una acción en una fecha

determinada/precio determinado. Put=apuesta de que la acción bajará/Call=apuesta de que la acción subirá.

12. **LARGE CAP/ SMALL CAP:** Se refiere a la capitalización de una empresa /valor de mercado: (nº de acciones en circulación) x (precio actual de la acción).
13. Bonos **basura:** Bonos calificados por debajo del grado de inversión (BBA o inferior). Mayor interés/mayor riesgo. Fondos: JNK/ DLHYX/SJB.
14. **SUCESIONES:** a) No existe impuesto federal sobre sucesiones. Seis estados imponen un impuesto de sucesiones: IA/KY/MD/ NE/NJ/PA. b) Una herencia paga un impuesto federal sobre el patrimonio si supera los 12 millones de dólares. Trece estados aplican un impuesto sobre sucesiones: HI/IL/MD/MA/MI/ NY/OR/RI/VT/WA/ DC. c) El producto del seguro de vida no está sujeto a impuestos. d) Las distribuciones que reciba tras heredar una pensión 401K están sujetas a impuestos. No tributan si es una pensión Roth. e) Otros bienes: Casa y objetos de valor (arte, auto, etc.) están sujetos al impuesto sobre las plusvalías cuando usted los vende si su precio de venta supera su valor de mercado en el momento en que los heredó. f) Los activos puestos en un fideicomiso antes de la muerte evita el tribunal testamentario.

¿Qué hacer con el dinero heredado? Los fondos heredados se dirigirían a la Jerarquía de Flujo de Dinero, como se detalla en el Ingrediente Cinco. Una gran cantidad invertible podría ser un buen candidato para el Dollar Cost Averaging, de modo que no lo inviertas todo de una vez. Coloque el dinero para invertirlo más adelante en una cuenta de ahorro, mercado monetario o certificado de depósito, según el Ingrediente Uno.

15. **ACTIVOS FIJOS: DURACIÓN-GANANCIAS-PÉRDIDAS-IMPUESTOS**

ACTIVOS DE CAPITAL: Los más comunes son los bienes inmuebles y los valores mobiliarios.

ACTIVO DE CAPITAL A LARGO PLAZO: Activo mantenido durante más de un año.

ACTIVO DE CAPITAL A CORTO PLAZO: Activo mantenido menos de un año. Ganancia de capital a largo plazo: Venta de un activo a largo plazo: impuestos 15%.

GANANCIA DE CAPITAL A CORTO PLAZO: Venta de un activo a corto plazo.Tributa como renta ordinaria.

Las ganancias y pérdidas patrimoniales se compensan entre sí dentro de un ejercicio fiscal. El exceso de pérdidas de capital puede deducirse de los ingresos ordinarios en el ejercicio en curso y en ejercicios futuros, con un máximo de 3.000 dólares anuales, y también puede trasladarse para deducirse de futuras ganancias de capital. Se aplican normas fiscales específicas a los bienes inmuebles, las criptomonedas, las rentas altas, etc.

16. **VALORES DEL TESORO PROTEGIDOS CONTRA LA INFLACIÓN (T.I.P.S.):** Son bonos del Estado emitidos por el Departamento Federal del Tesoro. Su valor y los pagos de intereses se ajustan dos veces al año para seguir el índice de precios al consumo de la inflación, medido por la Oficina de Estadísticas Laborales de Estados Unidos. Pueden adquirirse en treasurydirect.gov o en un banco participante.

17. **SECTORES BURSÁTILES:** El mercado bursátil estadounidense puede dividirse en once sectores financieros (categorías) para mayor comodidad y comprensión, a saber:

1. Asistencia sanitaria 2. Materiales Materiales 3. Inmobiliario

4. Bienes de consumo básico 5. Bienes de cons. duradero 6. 7. Energía 7. Energía Industria 9. 10. Tecnología 11. Telecomunicaciones. 11. Telecomunicaciones

Las empresas de un sector suelen moverse en la misma dirección en respuesta a las condiciones generales del mercado. Cada sector puede adquirirse como ETF en las agencias de valores.

18. **SELECCIÓN DE ASESORES FINANCIEROS Y COMPROBACIÓN DE LICENCIAS:** Selección: www.Letsmakeaplan.org. O un banco/on-line, etc. Licencia: www.Brokercheck.finra.org Tel: (800) 289-9999. Importante: Comprenda la estructura de honorarios/comisiones del agente.
19. **REBALANCEO:** Práctica consistente en vender los valores más rentables de la cartera y comprar los que aún no han subido. Equivale a: Comprar barato/Vender caro.
20. **INFLACIÓN:** Aumento general de los precios en toda la economía que provoca una disminución de su poder adquisitivo. Esto significa que las mismas cosas cuestan más para comprar, lo que indica que su dinero ha perdido valor igual a la tasa de inflación. Históricamente, ha subido un 3% anual.
21. **DIVIDENDOS CUALIFICADOS:** Ingresos por dividendos emitidos por una empresa cuyas acciones ha poseído más de 61 días. Tributan al tipo de las plusvalías a largo plazo.
22. **FORMULARIO(s) 1099 DE IMPUESTOS DE SEGUROS:** Emitido anualmente por empresas/gobierno para: ganancias de capital, ingresos por intereses, dividendos. Incluir con la(s) declaración(es) anual(es) de la renta.
23. **PROSPECTO:** documento legal presentado ante la SEC por una sociedad anónima o un fondo que divulga todos los detalles de sus objetivos, riesgos y estrategia.

24. **MERCADOS DE VALORES ALCISTAS Y BAJISTAS: Bajista** = Cuando un mercado alcista retrocede un 20% o más desde su nivel máximo. Alcista = Cuando un mercado bajista sube un 40% desde mínimos.
25. **INVERSIÓN ÉTICA:** Socialmente Responsable (SRI), Bíblicamente Responsable (BRI), Medioambiental-Social-Gobernanza (ESG). Hacer revisiones financieras básicas.
26. **FINTECH:** Tecnología para apoyar/mejorar los servicios financieros - en línea, etc.
27. Movimiento **F.I.R.E.** (Financially Independent Retire Early). Vivir frugalmente. La propiedad de una vivienda ayuda a conseguirlo más rápidamente, según este libro.
28. **ANÁLISIS FUNDAMENTAL:** Evaluar la salud financiera de una empresa revisando sus estados financieros: Balance, cuenta de resultados, etc.
29. **ANÁLISIS TÉCNICO:** Determinar la probabilidad de que el valor de una acción aumente/disminuya en función de las tendencias/patrones del mercado que afectan a dicha acción.
30. **PIB (Producto Interior Bruto):** El valor total de los bienes y servicios producidos por un país o Estado.
31. **CADENA DE SUMINISTRO**: Red integrada de empresas/ personas responsables de la fabricación de un producto desde el principio > hasta el final. Ejemplo: Producto: Helado. Red necesaria: Granjas lecheras > fábrica de helados > supermercado.
32. **IPC (Índice de Precios de Consumo):** Es la herramienta básica para medir la inflación. Indica cuánto han aumentado o disminuido los precios de los bienes y servicios de nuestra economía durante un año o un mes.

33. **MACROECONOMÍA Y MICROECONOMÍA:** La macroeconomía muestra las tendencias financieras que afectan al conjunto de la economía. La microeconomía muestra las tendencias financieras que afectan a un segmento de la economía general o a una empresa concreta.

6

Ingrediente seis: Buena voluntad y caridad

La beneficencia y la caridad son la guinda del pastel. Su la dulzura concentrada te da un propósito y te ayuda a dirigir los recursos para que te sientas bien con tu creciente riqueza.

Sir Isaac Newton, el dinero y la verdad universal

"Para cada acción, hay una reacción igual y opuesta".
"Todo en el Universo está conectado".
(Sir Isaac Newton, científico inglés, siglo XVII)

Los Principios Matemáticos de la Filosofía Natural de Newton pueden entenderse en relación con nuestras propias acciones: Generamos energía e interactuamos con todas las demás energías del universo. Newton demostró que la cantidad de energía que un cuerpo da es igual a la cantidad de energía que recibe. Esto se conoce como una "verdad universal". Se aplica en todo momento.

Ejemplo: "Donde hay agua, hay vida". Los astrónomos buscan pruebas de la existencia de agua en los planetas porque, si la encuentran, saben que allí puede existir/existe/existió alguna forma de vida.

El descubrimiento de Newton se conoció como movimiento visible. Todo en nuestro universo tiene un componente energético, tanto si la fuente es puramente física, como en su famoso suceso gravitatorio -una manzana que cae de un árbol-, como si es el pensamiento, que hace que nuestro cerebro utilice energía eléctrica. Por ejemplo: La energía utilizada para pensar puede transferirse a energía externa e interactuar con ella, como se demostró en una carrera de drones controlada por la mente en una universidad. Utilizaron EEG (electroencefalograma) auriculares alimentados por las ondas cerebrales de los estudiantes (Cuthbertson 2016).

El dinero, la buena voluntad y la caridad también parecen estar conectados por la energía universal. Cuando ves y respetas tu dinero como energía, le prestas atención y lo mantienes bajo control, en orden. El universo tiene orden, y tu dinero también debería tenerlo.

Ordenar el dinero significa contabilizar y gestionar sus entradas y salidas (energía = flujo de caja). Esto es coherente con la información de nuestro sitio web en Gain Money Self-Awareness..

Revisar en nuestro sitio web: Gana Autoconciencia del Dinero, para entender tu relación actual con el dinero y cómo puede evolucionar para ser coherente y equilibrada.

Lo que haces con tu dinero, intenciones y acciones, todo tiene un flujo de energía.

Contribuir a organizaciones benéficas, personas y causas que lo merecen con buenas intenciones (y no porque te sientas obligado o porque te haga sentir mejor que los demás) genera energía positiva. De alguna manera, el universo "lo entiende" y la energía que recibes de vuelta es igual y positiva. El gobierno federal también "lo entiende": las donaciones benéficas son deducibles de los ingresos. De este modo, se reduce el impuesto sobre la renta y aumenta el flujo de caja.

El resultado suele ser más dinero. ¿Cómo? No lo sé, pero en este mundo el dinero parece seguir al dinero.

Historia real - La escuela del hijo

El colegio de mi hijo buscaba donativos para comprar nuevo equipamiento de cocina. (En los colegios públicos, los presupuestos educativos son limitados.) Una de las cosas que había que sustituir era un lavavajillas comercial de 3.000 dólares. Una subvención pagó la mitad.

Mi hijo está prosperando. Tiene nuevos amigos y un promedio de B+, mucho más alto que en su escuela anterior, donde corría el riesgo de suspender. Y se gradúa un año antes. Como la alegría de los padres no tiene precio, decidí ayudar económicamente. Doné 1.500 dólares para el lavavajillas. Vale, ya está, y me sentí bien con mi donación.

Al mismo tiempo, decidí renovar el cuarto de baño del primer piso. Tenía un presupuesto de fontanería de 4.000 dólares. El presupuesto me pareció alto, así que busqué otras ofertas. Busqué en Internet y llamé varias veces a fontaneros locales, pero ninguno me devolvió la llamada. Pensé que tendría que aceptar el presupuesto original.

Cuando dejé a mi hijo en el colegio, me di cuenta de que había una empresa de fontanería cerca. Decidí que no tenía nada que perder y que podría entrar y ver si estaban interesados. ¡Vaya! Por el exactamente el mismo trabajo, ellos estimaron $1,850. Me ahorré más de 2.000 dólares y la única razón por la que los encontré fue porque estaban al lado del colegio de mi hijo. Ahorré mucho más que la cantidad de mi donación.

No sé si fue una coincidencia, Sir Isaac Newton, el Universo o una influencia espiritual, pero dar, la buena voluntad y la caridad parecen ser consistentes con resultados positivos en la vida. Clasificación de organizaciones benéficas: www. Charitynavigator.org

Sexto ingrediente - Conclusión

La Buena Voluntad y la Caridad pueden pensarse como: "Todo lo bueno que construimos acaba construyéndonos a nosotros". (Jim Rohn). Entiende y aplica la información de este Ingrediente para ayudarte a poner buena energía en nuestro mundo para un beneficioso retorno "boomerang".

Conclusión

I espero sinceramente que este libro le haya resultado informativo y que lo utilice para crear tu propio camino hacia la prosperidad. Es una herramienta básica para utilizar a lo largo del camino.

Utilícelo como referencia para evaluar sus futuras opciones y estrategias financieras comparando lo que se ofrece y está disponible con los fundamentos mencionados en estas páginas.

No tome decisiones financieras hasta que comprenda plenamente los riesgos y beneficios que conllevan. Sus preguntas son una poderosa herramienta para ayudarle a comprenderlo.

Recuerda: si no puedes explicárselo a alguien en 3 frases (un discurso de ascensor) es que tú mismo no lo entiendes del todo.

¡Feliz lectura, aprendizaje y consecución del sueño americano!

El juego de mesa

¡CÓMPRALO - JUÉGALO - APRÉNDELO - GÁNATELO!

www.FinancialBananaSplit.com

Nota para los educadores y guía de planificación de lecciones

Invite a profesionales locales de diversas disciplinas a dar charlas. Esto mejorará y reforzará el aprendizaje al aportar experiencias de profesionales del "mundo real" al aula:

1. Agente inmobiliario - Evaluación y compra de propiedades.
2. Broker hipotecario - Hipotecas: requisitos y tipos.
3. Banquero - Servicios bancarios: apertura y gestión de cuentas.
4. Agente de seguros - Finalidad del seguro: tipos y función.
5. Planificador financiero - Invertir: fundamentos y estrategias.
6. Representante sin ánimo de lucro - Beneficencia: finalidad y objetivos.
7. Trabajador social/psicólogo: autoconocimiento y control emocional.
8. Profesional de la comunicación/medios de comunicación: conciencia y control de la comunicación.
9. Contable (CPA) - Preparación, presentación y planificación de impuestos.

10. Autora/Entrenadora de escritura - Para mejorar la expresión personal.

Nota: En: www.FinancialBananaSplit. com Tests encontrará una guía gratuita para planificar las clases de este libro, que incluye un modelo de examen.

Bibliografía y lecturas complementarias

Bogar, Dawn. *The ABC's of Self.* Florida: ABC's of Self Inc. Publishing, 2013.

Berne, Eric, MD. *Games People Play: The Basic Handbook of Transactional Analysis.* New York: Ballantine Books, 1964.

Cuthbertson, Anthony. "Watch: World's First Mind-Controlled Drone Race". *Newsweek.* 25 de abril de 2016.

Capacchione, Lucia, Doctora en Filosofía. La *recuperación de tu niño interior.* New York: Simon & Schuster, 1991.

McKay, M., PhD, M. Davis, PhD, y P. Fanning. *Mensajes: The Communication Skills Book.* Oakland: New Harbinger Publications, 2009.

Orsi, J. y Doskow, E. *La solución de compartir.* Berkeley: NOLO Publishing, 2009.

Orman, Suze. Los 9 pasos hacia la libertad financiera. New York: Three Rivers Press, 1997.

Vanguard Brokerage Services, Valley Forge, PA 19482

Lecturas complementarias

www.FinancalBananaSplit.com

Agradecimientos

Muchas gracias a las personas que directa o indirectamente me han ayudado a escribir y completar este libro:

- Profesor Patrick Tierney, Palm Beach State College, FL, cuya clase de escritura creativa encendió mi pasión por la escritura.
- Los alumnos de la clase anterior que, aunque yo tenía una edad comprendida entre la de sus padres y la de sus abuelos, me aceptaron como a un compañero y me mostraron amabilidad y ánimo.
- Dawn Bogar, autora de *The ABC'S of Self* (2013). Ella fue un catalizador en mi decisión de escribir mi propio libro. ("Si ella puede hacerlo, yo también").
- Rachel Weaver, autora de *Point of Direction* (2014). Sus clases de crítica mejoraron mis habilidades de escritura y el enfoque de mi libro. Me recomendó mi primer editor y me permitió conocer a mi principal editor de crítica financiera.
- Las editoras Jennifer Phelps y Lind Stirling, que me ayudaron a mejorar mi libro hasta el punto en que espero que sea útil, legible y capaz de encontrar un público.

- Dave Schneller, crítico financiero y banquero jubilado, que se apiadó de mí como escritor novato de finanzas. Sin su constante interés, podría haberme rendido.
- Taylor Hilberry por las ilustraciones gráficas y Scott Charles por los gráficos.
- Mi hijo Adam, por ser la caja de resonancia de mis muchas ideas fragmentadas, ayudándome a separar lo necesario de lo absurdo.
- Formateado del libro por: Ghislain Viau, Creative Publishing Book Design. www.creativepublishingdesign.com

Sobre el autor

Tras haber crecido y desarrollado una exitosa carrera empresarial en Nueva York, el autor, su hijo Adam (veterano de combate condecorado), su perro "Spikey" y su Jaguar E-type de 1972 residen en Florida, un estado libre de impuestos.

El Sr. Rowland continuará explorando opciones para comunicar mejor las cuestiones de finanzas personales y áreas relacionadas, en diversos formatos, para todos aquellos que puedan beneficiarse de una mayor comprensión en este ámbito.

Contenido detallado por página

Made in the USA
Coppell, TX
18 August 2025

53079287R10095